KLARTEXT

Bildnachweis:
Adobe Stock © Andrey_Lobachev: S. 30; Adobe Stock © Animaflora PicsStock: S. 26; Adobe Stock © boedefeld1969: S. 6/7; Adobe Stock © dk-fotowelt: S. 88/89; Adobe Stock © Fionn: S. 73 l.; Adobe Stock © Heiko Zahn: S. 76; Adobe Stock © hemlep: S. 70; Adobe Stock © Horst: S. 119 u.; Adobe Stock © marcus_hofmann: S. 4/5; Adobe Stock © mojolo: S. 36/37; Adobe Stock © peterfodor: S. 58; Adobe Stock © Ralf Geithe: S. 118 M.; Adobe Stock © Tomo Jesenicnik: S. 42/43; Adobe Stock © traveldia: S. 34; Adobe Stock © VanderWolf Images: S. 78; Adobe Stock © Volker Z: S. 14; Jutta Blumenau-Niesel: S. 85 o.; Peter Cott: S. 54; Dosen-Zentrale Züchner GmbH: S. 22, 23; IMAGO / Westend61: S. 77; Christoph Keil: S. 29; Matthias Kirmann: S. 71; Marco Kneise: S. 35, 39; Ursula Kühn: S. 49; Andreas Liesegang: S. 9, 81; Heinz Ludwig: S. 101; Manuel Meyer: S. 85 u.; Kristin Müller: S. 40/41, 52, 79, 80, 92, 93, 99; Thomas Müller: S. 8, 11, 12, 13, 18, 27, 31, 33, 38, 45, 50, 51, 55, 60, 61, 63, 73 r., 82, 83, 90, 102, 112; Roland Obst: S. 16, 47; picture alliance/Bildagentur-online/Sunny Celeste: S. 107 o.; picture alliance/dpa/2013 Universum Film: S. 65 u.; picture alliance/dpa/Fotoreport: S. 64; picture alliance/dpa/Jens Wolf: S. 68 o.; picture alliance/dpa/Matthias Bein: S. 65 o.; picture alliance/imageBROKER/Andreas Vitting: S. 117; picture alliance/Klaus Nowottnick: S. 118 o.; picture alliance/Prisma Archivo: S. 107 u.; picture alliance/rtn – radio tele nord/ulrike blitzner: S. 108; picture alliance/Sielski-Press/Joachim Sielski: S. 106 o.; picture alliance/Walter Wehner/Studiocanal GmbH/Claussen+Putz Film/dpa: S. 66; picture alliance/dpa/Swen Pförtner: 116; picture alliance/dpa/Swen Pförtner: S. 21; picture alliance/dpa/dpa-Zentralbild/Matthias Bein: S. 118 u., 119 o.; picture alliance/dpa/dpa-Zentralbild/Waltraud Grubitzsch: S. 114/115; picture-alliance/dpa/Florian Eisele: S. 106 u.; picture-alliance/dpa/Rainer Jensen: S. 68 u.; Pulman City: S. 103; Sebastian Rühle: S. 87; Mario Schieke: S. 75; Wilhelm Slodczyk,TA: S. 110/111; Birgit Wiefel: S. 24

Bibliografische Information der Deutschen Nationalbibliothek
Die Deutsche Nationalbibliothek verzeichnet diese Publikation in der Deutschen Nationalbibliografie; detaillierte bibliografische Daten sind im Internet über portal.dnb.de abrufbar.

Impressum
1. Auflage September 2021
Layout und Satz: Guido Klütsch, Köln
Lektorat/Redaktion: Kerstin Goldbach
Umschlagabbildungen: Adobe Stock: © enens, © Georgios Kollidas, © fotowunsch, © serikbaib, © Natika, © Janni
Druck und Bindung: Linsen Druckcenter GmbH, Siemensstraße 12–14, 47533 Kleve

ISBN 978-3-8375-2400-0

KLARTEXT

Jakob Funke Medien Beteiligungs GmbH & Co. KG
Jakob-Funke-Platz 1, 45127 Essen
info.klartext@funkemedien.de
www.klartext-verlag.de

Thomas Müller

Der Harz

**Populäre Irrtümer
und andere Wahrheiten**

Inhalt

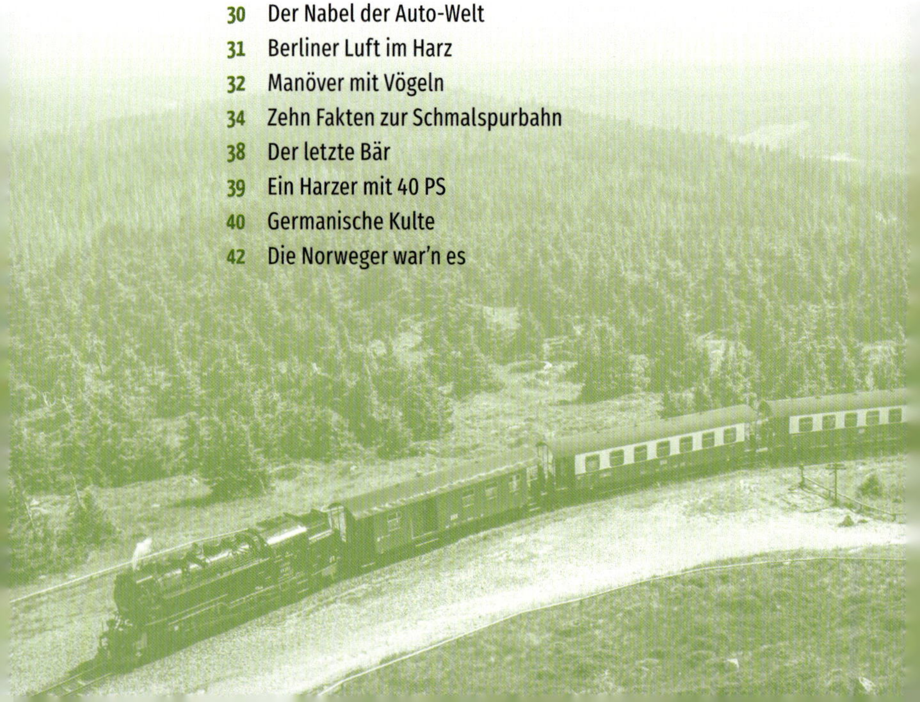

Zum Geleit

Hexen, Teufel, Zwerge, Einhörner – der Harz hat an Merkwürdigkeiten über die Jahrhunderte viel zusammengebracht. Die schroffe Berglandschaft, der erhabene Blocksberg, sie animierten Besucher schon früh, sich Seltsames zusammenzureimen über das nördlichste Mittelgebirge Deutschlands. Als die ranghöchsten Dichter dann begannen, den Sehnsuchtsort zu beschreiben, gab es kein Halten mehr. Der Harz wurde zu einem der wichtigsten Touristengebiete.

Doch was ist der Harz? Und warum heißt er so? Was hat es mit drei roten Männern auf sich? Warum werden Lerchen hier gegessen? Was sind eigentlich Hackus und Knieste? Und ist ein Harzer Roller wirklich ein Käse? Viele Fragen, aber auch viele Irrtümer. Es gilt, sie zu entlarven.

Nein, Goethe war nicht der Erste, der den Brocken im Winter bestieg. Etliches gibt es zu erzählen und zu korrigieren über diesen Landstrich, in dem einst Sandmänner lebten. Über berühmte Frauen und Männer aus dem Harz. Über Nackte, die im Wald herumlaufen. Über die erste Branntweinsteuer und das erste Reinheitsgebot für Korn weltweit. Klar, es stammt aus dem Harz, wo es viel Holz und frisches Wasser gibt. Wenn nicht gerade wieder der Borkenkäfer die Berge kahl frisst.

Ohne Übertreibung: Der Harz kann es mit jedem Nationalpark der Welt aufnehmen. Entscheiden Sie selbst, wo für Sie der schönste Platz hier ist.

Stinken Harzer Roller wirklich?

Nichts ist wohl so mit Irrtümern beladen wir der Begriff „Harzer Roller“. Startete man eine Umfrage in Deutschland, würden die meisten wohl sagen, er stinkt. Aber die Sache ist komplizierter.

Wenn Sie unter dem Harzer Roller einen mit Gelb- oder Rotschmierekulturen gereiften Sauermilchkäse aus Kuhmilch verstehen, dann haben Sie recht: Er stinkt! Schmeckt deshalb aber umso köstlicher. Und enthält, entgegen landläufiger Meinung, wenig Fett.

Der goldgelbe Käse in Rollenform mit einem weißen Kern ist seit Jahrhunderten nachweisbar. Anders als beim Schwarzwälder Schinken oder bei der Spreewaldgurke haben die Harzer es leider verpasst, die Spezialität für sich zu schützen. Und so wird Harzer Roller heute in ganz Deutschland hergestellt, aber kaum im Harz.

Je jünger der Käse, desto größer ist der milde, krümelige, weiße Quarkkern, der noch an das Ausgangsprodukt, den Sauermilchquark, erinnert. Und desto weniger geschmacksintensiv.

Als Harzer Roller bezeichnet man aber auch das sich sehr rasch wiederholende und möglichst lang durchgehaltene Umschlagen der Stimme bei gleichbleibendem Intervall beim Jodeln, wie es in der Region üblich ist (Seite 11).

Und um dem Ganzen die Krone aufzusetzen: Es gibt noch einen dritten Harzer Roller – einen aus dem Harz stammenden Kanarienvogel (Seite 70).

Der Harzer Roller als Käse

Noch heute zu sehen ist dieser Erdfall von 2016 in Nordhausen.

Die Uvalas sind da!

Am 19. Februar 2016 tut sich die Erde auf. Ein 40 mal 40 Meter großer Schlund wächst ganz plötzlich – ausgerechnet auf dem Gelände des Katastrophenschutzes in Nordhausen. Teile eines Gebäudes rutschen in die Tiefe. Menschen werden dabei nicht verletzt. In dem Loch richtet sich ein kleiner See ein. Doch die Ruhe trügt. Im März 2021 wächst der Erdfall und nimmt ein zweites Gebäude mit sich.

Die Südharzer haben mit solchen Phänomenen zu leben gelernt. Über 3000 Erdfälle gibt es von Herzberg bis Sangerhausen. Große und kleine. Und es kommen immer neue hinzu. Viele unbemerkt auf Feldern und in Wäldern.

Schuld an den Erdfällen sind unterirdische Vorgänge. Wasser spült den hier anstehenden Gips aus. Es bilden sich Hohlräume. Und irgendwann macht es Rums.

Geologen haben für einige dieser Löcher spezielle Namen. Sie sprechen von Dolinen und Uvalas. Bei Letzteren bilden sich aus mehreren Hohlformen im Gipskarst ganze Täler. Mit ulkigen Namen wie „Saugasse". Nicht weit von ihr entfernt finden Wanderer den berühmten „Stinkschiefer". Die Steine sind Ablagerungen des Zechsteinmeers, das einst den gesamten Harz bedeckte. Chemisch gesehen band sich Schwefelwasserstoff in dem Gestein. Reibt man zwei Stücke aneinander, tritt der typische Schwefelgeruch hervor. 200 Millionen Jahre war er dort eingeschlossen.

Zahlen & Fakten

500.000 Menschen leben im und am Harz.

110 Kilometer lang und **30 bis 40 Kilometer** breit ist das Gebirge.

5 Landkreise gehören zum Harz: Göttingen, Goslar, Harz, Mansfeld-Südharz, Nordhausen.

3 Bundesländer teilen sich den Harz: Sachsen-Anhalt, Niedersachsen, Thüringen.

1141,2 Meter hoch ist der Brocken als höchster Berg.

50.000 Menschen wohnen in Goslar, der größten Stadt im Harz.

2000 Einwohner hat Benneckenstein als kleinste Stadt.

140 Kilometer lang ist das Streckennetz der Harzer Schmalspurbahnen.

1,2 Millionen Fahrgäste befördern die Harzer Schmalspurbahnen im Jahr.

222 Stempelstellen gibt es für Wanderer im Harz.

Die Jodelhochburg

Gejodelt wird in Bayern. Stimmt. Aber eben nicht nur dort. Der Harz ist seit jeher eine Jodelhochburg.

Jodelwettstreit auf der Waldbühne Hesserode

Jedes Jahr stellen sich die Harzer Jodlerinnen und Jodler dem harten Votum einer Jury. Dann kommen die Besten ihres Fachs aus Altenbrak und Hesserode, Altenau und Clausthal-Zellerfeld zusammen. In Harzer Trachten, solo oder als Ensemble. Seit 1925 schon gibt es die Jodelwettstreite. Damals gründeten sich Heimat- und Volksgruppen und trugen die alten Signalrufe und Naturjodler der Köhler und Waldarbeiter in neuer Form in die Welt.

Der Ilsenburger Karl von Hoff, ein Nagelschmied, gilt als einer der Wegbereiter des Harzer Jodlers. Von ihm soll die früheste Schallplatten-Aufnahme mit Harzer Jodelliedern stammen.

Drei Jodelwettstreite sind zu bestehen: in Altenbrak (Ostharz, seit 1952), Clausthal-Zellerfeld (Westharz, seit 1949) und Hesserode (Südharz, seit 1962). Hier messen sich auch Kinder im Jodeln. Es werden sowohl das freie Jodeln auf Silbe als auch Lieder mit Jodlern präsentiert und bewertet.

Übrigens: Ein Jodlermeister aus Bayern hätte im Harz nicht die Spur einer Chance, erklärte der amtierende Harzer Jodlermeister Andreas Knopf in einem MDR-Interview. Es gäbe eine ureigene Art des Jodelns. Typisch sei die Schnelligkeit, mit der zwischen Brust- und Kopfstimme gewechselt werde.

Skurrile Köpfe zieren das Haus der Bergapotheke in Zellerfeld.

Das Gesichter-Haus

64 bunt bemalte Köpfe, davon keiner wie der andere. Diesen Anblick bietet ein stattliches Haus gleich neben der Kirche von Zellerfeld (in der übrigens der Komponist Georg Philipp Thelemann wirkte). Es handelt sich um eine uralte Apotheke. An deren Front- und Giebelfassade aus typischem Harzer Holz prangen die ebenfalls holzgeschnitzten und farbig bemalten Gesichter jeweils unter den Querbalken. Typisch für die damalige Zeit, aber für heutige Begriffe befremdlich, ist die fratzenähnliche Darstellung, zu finden beispielsweise auch im Nordhäuser Dom. Gedeutet werden diese meist als Schreckmasken oder Neidköpfe. Sie sollen den Betrachtern einen Spiegel vorhalten und sie so vor Aggressionen, Neid und Hass schützen.

Errichten ließ das Haus der Clausthaler Apotheker Jakob Andreas Herstelle. Es sei nicht abwegig, dass er mit viel Missgunst konfrontiert war, so gab es etwa die Krämer, die ihm das Branntweinmonopol neideten, heißt es dazu auf der Internetseite der Stadt.

Übrigens: Auch im Innern ist das Haus ein künstlerisches Vermächtnis, mit Stuckdecken, Bildnissen und einem Allegorienzimmer.

Hollands höchstes Gebirge

Mit 322,7 Metern ist der Vaalserberg die höchste Erhebung in den Niederlanden. Um mal einen vernünftigen Ausblick zu erleben, machen sich daher Hunderttausende von Holländern jedes Jahr auf ins nächstgelegene Mittelgebirge. Für viele ist das der Harz. Zirka 80.000 Niederländer bereisen ihn jährlich. Das sind drei Prozent aller Gäste und die größte Gruppe unter den ausländischen Besuchern, so der Harzer Tourismusverband. Und von wegen Vorurteil: Etwa ein Viertel der holländischen Touristen campen. Andere nutzen gern Feriendörfer und treffen dort nicht selten auf Landsleute. Denn der Harz ist so beliebt, dass auch etliche Holländer einfach hierbleiben und sich, unternehmenslustig wie sie sind, als Geschäftsleute betätigen.

Der Bahnhof Dedeleben oder das Schloss in Hainrode sind in holländischer Hand, ebenso die größte Tierzuchtanlage des Harzes. Sie steht in Nordhausen. Auch ein Hotel in Trautenstein führen Holländer und natürlich den großen Ferienpark in Bad Sachsa. In Herzberg bietet eine Auswandererfamilie „Klein Holland“ als Ferienwohnung an, Gleiches in Quedlinburg. Es gäbe noch viele Beispiele. Vielleicht, wenn gute Sicht ist, erkennt man vom Brocken die Niederlande. Schließlich gibt es dazwischen keinen höheren Berg.

Fast wie in den Niederlanden: Im Harz gibt es mehrere Windmühlen, wie hier die Teufelsmühle in Warnstedt.

Wir sind Harz

Früher war der Harz unbefleckt von großer Politik. Höchstens, dass ein paar DDR-Bonzen hier Urlaub gemacht hätten. Bis ein gewisser Peter Hartz dies veränderte. Doch warum heißt der Harz eigentlich Harz?

Namensforscher versuchen seit Langem, den Begriff zu erklären. Wie so oft verfielen sie dabei auf die Umgebung als Namensgeber. Sprich, Wald und Felsen. Abgeleitet davon, könnte das mittelhochdeutsche Wort „hart“ Pate gestanden haben. Hart bedeutet so viel wie „raues Bergland“. Und das ist es ja in der Tat, wenn man etwa die steilen Felsen rund um die Rosstrappe betrachtet.

Wann aus dem Hart ein Harz wurde, ist unklar. Leider liegt auch die Geschichte des Wortes Harz für den Saft der Bäume im Dunkeln. Eventuell ist der Ursprung derselbe.

2004 erhielt der Harz in seiner öffentlichen Wahrnehmung erhebliche, eher unrühmliche Konkurrenz. Hartz IV war in aller Munde, als System der sozialen Sicherung. Dessen Namensgeber war Peter Hartz. Hartz IV schaffte es sogar, zum Wort des Jahres gewählt zu werden.

Aber zurück zum ungleich beliebteren Harz. Das Mittelgebirge gab einigen Ortschaften seinen Namen: Harzgerode, Bad Harz-

burg, Harzungen. Umgekehrt ist nach der Wende ein Wettlauf darum entbrannt, wer den Harz namentlich für sich reklamieren kann. So schlossen sich 2005 drei Kreise aus Sachsen-Anhalt trotz Protestes aus Niedersachsen zum Großkreis Harz zusammen. Wenige Jahre später fusionierten mehrere Gemeinden aus dem östlichen Unterharz zur Stadt Oberharz am Brocken, obwohl die niedersächsische Samtgemeinde mit Sitz in Clausthal-Zellerfeld den Namen Oberharz schon seit Jahrzehnten trägt.

Ähnliches im Südharz: Die Gebietsreform sorgte auch dort für einen Ansturm auf den Landschaftsbegriff. Derweil ein Autobahndreieck von der A 38 auf die A 71 sich den Namen wegschnappte. Klar, dass es auch ein Autobahndreieck Nordharz, quasi als Pendant, gibt. Da sagten sich die Ilfelder und Niedersachswerfer, sie könnten sich als Tor zum Harz doch unter dem Namen Harztor zusammenschließen.

Und als sich die Unesco-Welterbestätten Bergwerk Rammelsberg, Altstadt von Goslar und Oberharzer Wasserwirtschaft unter dem Namen Weltkulturerbe Harz vereinen wollten, fühlten sich Quedlinburg und Eisleben aus dem Harz ausgebootet.

Noch weiter ging der besagte Streit um den Oberharz. Die Sache landete vor Gericht. Dort konnte sich aber niemand durchsetzen. Erst mit der Eingemeindung des westdeutschen „Oberharz“ nach Clausthal-Zellerfeld im Jahr 2014 erledigte sich die Namensdopplung.

Nicht Eingeweihte sollten sich vom Gewirr der Harze nicht abschrecken lassen. Ob Nationalpark Harz, Naturpark Harz oder Biosphärenreservat Südharz – alle sind besichtigenswert. Da spielt der Name keine Rolle. Die Hochschule Harz freut sich über Studierende, das Nordharzer Städtebundtheater über Zuschauer. Und achten Sie unbedingt auf das Harzkamel (Seite 87). Es könnte Sie umwerfen.

Hackus und Kniste

Der Harzer ist, was das Essen betrifft, nicht übermäßig anspruchsvoll. Angesichts des Wildreichtums kommt natürlich Hirsch, Reh und Weiteres auf den Tisch. Und Klöße sind auch im sachsen-anhaltischen Teil des Gebirges verbreitet und nicht nur in Thüringen.

Generell darf man den Landstrich kulinarisch aber noch eher dem Norden zuordnen. So essen die Harzer gern deftige Wurst aus der Pfanne mit Grünkohl. In Stolberg hat sich daraus ableitend eine Eigenart entwickelt, die sogenannten Lerchen (Seite 44).

Etwas spezieller, aber extrem lecker sind Hackus und Knieste, im Südharz als Kartoffelscheiben regelrecht verehrt. In Görsbach gibt es sogar jedes Jahr ein großes Kartoffelscheibenessen – aus Platzmangel ausgetragen in den Fluren einer Schule.

Dies ist eigentlich ein Essen für arme Leute. Knieste sind nämlich die kleinen Kartoffeln vom Feld aus der Nachlese. Sie werden auch als Knüster und Kniester bezeichnet. Diese Kartoffeln werden geputzt oder geschält! Dann trocknet man sie ab und halbiert sie längs. Auf dem Blech verteilt, kommen noch etwas Öl oder Butter, Thymian oder Kümmel darauf. Und ab geht's in den Ofen.

Dazu wird traditionell, je nach Vorliebe, gewürztes Schweinemett (Hackus) oder Schlachtewurst serviert.

Ebenfalls aus dem Nachlass eines armen Landstrichs stammt die Schiebensuppe. Schieben, so nennt man hier die Brotscheibe. Die Suppe selbst besteht aus Fleisch- oder Gemüsebrühe und dem, was an Kräutern im Wald gerade wächst, eventuell auch Hackfleischklößchen oder Eierflocken. Die alte Brotscheibe wird in kleine Würfel geschnitten, angebraten und zur Suppe getan. Fertig.

Zu einer kleinen Legende geworden ist eine Harzer Erbsensuppe aus der Gulaschkanone. Live am Bahnhof Drei Annen Hohne gegessen, ist sie freilich am besten. Doch der Koch verschickt „Kukkis" Erbsensuppe inzwischen auch per Dose in alle Welt.

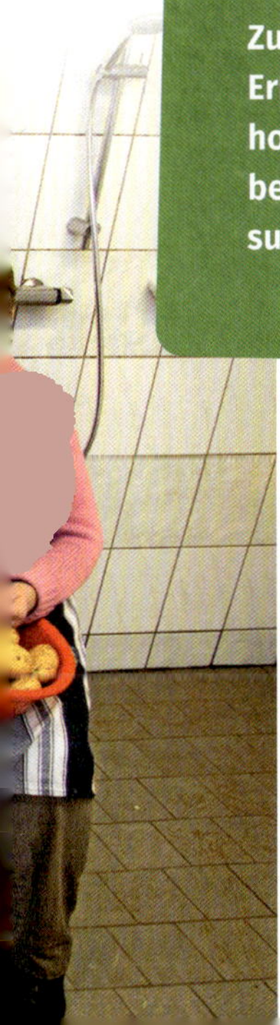

Für das Görsbacher Kartoffelscheibenessen schälen Frauen im Akkord.

AHA!

Goethe und die anderen

Über allem steht Goethe. Immerhin hat er den Harz berühmt gemacht wie kein Zweiter. Doch auch andere Dichter und Denker liebten das kleine Mittelgebirge.

Viermal reiste Goethe zwischen 1777 und 1805 in den Harz, dreimal im Winter, einmal im Spätsommer.

Ausführlich beschreibt er seine Touren in Briefen und Tagebüchern und bindet Orte, Sagen und Geschehnisse in seine Werke ein. „Harzreise im Winter“ beschreibt die bedrohlichen Seiten der Berge. Bevor er im „Faust“ den Blocksberg – den Brocken – zum Mythos erhebt, der er schon war. Doch erst mit Goethe stieg der Harz mit seiner Walpurgisnacht zum Kult auf. „Da muss ich mich durch steile Felsentreppen, durch alter Eichen starre Wurzeln schleppen! Auf meinem Harz der harzige Dunst hat was vom Pech und das hat meine Gunst“, spricht Mephisto. Und weiter: „Der Blocksberg bleibt ein gar bequem Local, wo man auch sei, man findet sich zumal.“

Ja, schon sechs Jahre vor seiner ersten Harzreise hatte Goethe in seinem „Götz von Berlichingen“ geschrieben: „Junge, ich fand dich hinterm dürren Zaun im tiefen November im Harz.“

Faszinierte schreibt der Besucher auch in geologischen Abhandlungen über die Landschaft. 1784 besucht er die sagenumwobene Teufelsmauer bei Blankenburg. Und in seiner „Ita-

Verweise auf Goethe gibt es im Harz massenhaft. Hier eine Erinnerung an seine erste Harzreise bei Nordhausen.

lienischen Reise“ erinnert er sich: „Es ist der Kalk wie der bei Osteroda am Harz dicht, aber im Ganzen löcherig.“

Man muss bedenken, der Harz war damals touristisch nicht erschlossen, mithin noch ein extrem raues Gebirge. In diesem Umfeld und noch dazu im Winter bestieg der Dichterfürst 1777 den Brocken. Es sollte nicht das letzte Mal sein.

Vor dieser Beziehung verblassen beinahe die Eindrücke, die das Gebirge auf viele weitere Dichter und Maler machte. So wandert auch Heinrich Heine 1824 von Göttingen über Goslar und den Brocken bis nach Ilsenburg und wieder zurück. Mit der „Harzreise“ gelingt ihm der literarische Durchbruch. „Steiget auf ihr alten Träume, öffne dich du Herzenstor. Liederwonne, Wehmutstränen strömen wunderbar hervor. Durch die Tannen will ich schweifen, wo die muntere Quelle springt, wo die stolzen Hirsche wandeln, wo die liebe Drossel singt. Auf die Berge will ich steigen, auf die schroffen Felsenhöhen, wo die grauen Schlossruinen in dem Morgenlichte stehen.“ Harz pur!

So muss es auch der Romantiker Joseph von Eichendorff erlebt haben, der 1805 im Harz war. In seinem Tagebuch berichtet er nach dem Brocken-Aufstieg von der wilden ursprünglichen Naturlandschaft des Gebirges mit seinen dunklen Wäldern, tiefen einsamen Tälern und klaren Gebirgsströmen.

Ob derart auch Hans-Christian Andersen empfand? Sein nach der Harzreise entstandenes Werk heißt „Schattenbilder von einer Reise in den Harz“. „Fremde Orte mit fremden Menschen wechselten ab, eine neue Welt tat sich in den Bergen vor mir auf, ich war von Gottes herrlicher Natur umgeben.“ Auch er stieg den Brocken hinauf, sah die Orte mit Märchenaugen und dürfte einiges später in seinen Märchen verarbeitet haben.

„Harz, du Muttergebürg, welchem die andre Schar wie der Eiche das Laub entsproßt“, schrieb Novalis nach seinem Harz-Erlebnis. Und Fontane verlegte seinen Roman „Cécile“ nach Thale, Quedlinburg und Altenbrak. Und ließ dabei den in Quedlinburg geborenen Klopstock einfließen.

Einhörner im Harz

Um alle Enttäuschung vorwegzunehmen: Es gab keine Einhörner im Harz! Aber in der Höhle, die diesen Namen trägt, ging es in den vergangenen 200.000 Jahren munter zu. 70 Wirbeltierarten haben Forscher unter der Erde bei Herzberg aus der Erde gekratzt. Und der Neandertaler war auch da.

Schneehase, Fuchs, Bison oder Riesenhirsch hinterließen in der Höhle ihre biologischen Spuren. Die Erkenntnisse darüber sind noch ziemlich jung. Zwar begann die Suche nach den Überresten schon Ende des 19. Jahrhunderts, doch erst ab 1985 bargen Wissenschaftler Tausende von Tierfossilien, unter anderem von Höhlenbären, Höhlenlöwen und Wölfen, aber auch von kleineren Wesen, Nagern und Vögeln, Fledermäusen und Paarhufern.

Aufschluss über frühere Bewohner geben beispielsweise die Zähne der Bären. Anhand der Funde kann man nachvollziehen, wie aus den Fleisch- allmählich Pflanzenfresser wurden. Vollständige Schädel des Höhlenbären haben die Forscher ausgebuddelt. Offenbar ist die Höhle über Jahrtausende von ihnen bevölkert worden.

Mit dieser artenreichen eiszeitlichen Tierwelt gilt die Einhornhöhle als einzigartige Fundstelle in Norddeutschland. Und noch ist das Gestein bei Weitem nicht fertig ergründet. Es ist immerhin 270 Millionen Jahre alt. Dagegen sind die Bärenfunde quasi von gestern.

Dabei ist die Höhle selbst schon seit 500 Jahren bekannt. Damals glaubte man, in ihr Knochen von Einhörnern gefunden zu haben. Sogar der Gelehrte Wilhelm von Leibniz besuchte die unterirdischen Gänge und berichtete von einem Handel mit Einhornknochen. Erst Rudolf Virchow räumte 1872 mit diesem Irrtum auf. Er und seine Nachfolger fanden heraus, dass auch die Neandertaler den Platz besuchten und dabei ihre Werkzeuge zurückließen.

Auch der Neandertaler hinterließ Spuren in der Einhornhöhle.

Heute besuchen rund 25.000 Menschen pro Jahr die Attraktion. Mehrere Filme wurden in der Höhle gedreht. Ach so, und Goethe war auch da!

Die Konserven-Pioniere

Im Harz ist es so kalt, dass Lebensmittel lange halten. Könnte man meinen. Aber ausgerechnet hier, in Seesen, entstand die erste deutsche Konservendose. Eine Revolution aus dem Mittelgebirge. Über Jahrhunderte blieb die Stadt Zentrum der Konservendosen-Herstellung.

Der französische Feldherr Napoleon orderte nicht nur jede Menge Branntwein aus dem Harz (Seite 28). Er war es auch, der wegen der mangelhaften Versorgung seiner Truppen den besten Erfindern die Aufgabe stellte, „Lebensmittel so zu behandeln, dass sie auf lange Zeiten und über weite Räume mitgeführt werden konnten“.

Ein gewisser Nikolas Appert veröffentlichte 1810 ein Buch, in dem er erstmals das Haltbarmachen „erhitzter Lebensmittel unter Luftabschluss“ beschreibt. Damit hatte er das Einkochen als Konservierungsmethode erfunden. Allerdings nutzte er Glasbehälter, die sich nicht wirklich für den Transport eigneten. Der englische Kaufmann Peter Durand verwies jedoch bereits kurze Zeit später auf „die hervorragenden Eigenschaften einer Dose aus Weißblech“.

1830 brachte der Diplomat Baron von Campen aus der Nähe von Seesen die Idee sowie einige Musterdosen aus Frankreich mit in die Heimat. Er beauftragte den Klempner Heinrich Züchner, ihm solche Konservendosen herzustellen. Es waren die ersten in Deutschland.

Zunächst wurden die Büchsen noch von Hand gefertigt, sprich Boden und Deckel mit der Blechschere ausgeschnitten und dann auf den Rumpf aufgelötet. Ein Geselle brachte es, wenn er tüchtig war, auf zwölf Dosen pro Tag. Zum Öffnen stellte man ein heißes Bügeleisen auf die Dose, um die Deckellötung zum Schmelzen zu bringen.

Es sollte bis zum Jahr 1890 dauern, bis Heinrichs Sohn Rudolf die handwerkliche Fertigung auf eine fabrikmäßige Dosenproduktion mit eigens dafür entwickelten Dosen-Verschließmaschinen für aufgefalzte Böden und Deckel umgestellt hatte.

Die Büchse machte den Betrieb erfolgreich. Rudolf Züchner erkannte schnell, dass es für die Verpackung nun auch einen Inhalt brauchte. 1886 gründete er mit Heinrich Sieburg eine Konservenfabrik in Seesen, stieg allerdings schon drei Jahre später wieder aus, um einen eigenen Betrieb zu etablieren. Die Firma Züchner kümmerte sich darum, dass die Bauern der Region „konservierbares Gemüse" anbauten.

Züchner existiert noch heute in siebter Generation und wird von Fritz Andreas Züchner geleitet. Zwar produziert das Unternehmen nicht mehr, aber vertreibt noch immer Konservendosen, Glas- und Kunststoffverpackungen in alle Welt, darunter die bekannten Weck-Einmachgläser.

Aber auch der vom Gründer verlassene Betrieb machte Karriere. 1890 meldete Ex-Kompagnon Sieburg die Sieburg & Co. zur Herstellung von Obst- und Gemüsekonserven beim „Herzoglichen Amtsgericht" zu Seesen an, mit der Fabrikmarke „Sonne". Gemeinsam mit der badischen Firma Bassermann entwickelte sich das Harzer Unternehmen zum bekannten Konservenproduzenten „Sonnen Bassermann". Erst 2012 wurde der Standort Seesen aufgegeben.

Das Denkmal in Seesen zeigt Baron van Campen, der den Klempnermeister Heinrich Züchner bittet, ihm „konservierende Dosen" herzustellen.

Die Quadriga von Seesen

Wo steht Deutschlands größte Quadriga? Nein, nicht auf dem Brandenburger Tor in Berlin, sondern auf dem Braunschweiger Schloss. Der Konservendosen-Produzent Fritz Züchner ließ 1923 davon eine Kopie auf seine Villa in Seesen setzen. Doch wie kam es dazu, dass der berühmte Bildhauer Ernst Rietschel (Seite 74) ein 1:3-Modell der Quadriga entwarf?

Rietschel hatte von 1856 bis 1858 ein Gipsmodell für die Braunschweiger Quadriga im Maßstab 1:3 angefertigt. Selbiges wurde 1999 in der Dresdener Skulpturensammlung Albertinum wiederentdeckt. Dieses Stück stand der als Bronzeguss rekonstruierten Quadriga Modell, die seit dem 23. Oktober 2008 wieder als Europas größte Quadriga auf dem Braunschweiger Schloss thront. Die erste und zweite Fassung waren 1865 beziehungsweise nach 1945 zerstört worden.

Die Leiterin des Schlossmuseums Dr. Ulrike Sbresny neben der „Seesener Quadriga“

In ihren Abmessungen entspricht das Seesener Exemplar exakt dem Gipsmodell. Laut dem Bauhistoriker Dr. Bernd Wedemeyer fertigte man es in den Jahren 1890/93 für die Weltausstellung in Chicago an. Auftraggeber war die Braunschweiger Handwerkerschaft des Metallgewerbes, die ein Referenzstück in die USA schicken wollte. Hersteller war nicht mehr die Braunschweiger Werkstatt Howaldt, die das Original auf dem Schloss gefertigt hatte, sondern die Braunschweigische Wilhelmshütte in Bockenem am Harz.

1910 wurde die Quadriga an den Fabrikanten Fritz Züchner verkauft. Er wollte diese nach dem Ersten Weltkrieg auf ein Triumphtor in Seesen setzen. Der Kampf ging aber verloren. Und so blieb dem Unternehmer nur, das gute Stück mit Brunonia, der Braunschweiger Schutzpatronin, auf seine Villa zu montieren.

2018 holte man sie von dort herab, zerlegte sie in ihre Bestandteile und fuhr Brunonia, Streitwagen und Pferde ins Braunschweiger Schloss zur Restauration.

In Deutschland gibt es sechs Quadrigen:

- **Braunschweig (Schloss)**
- **Berlin (Brandenburger Tor)**
- **Dresden (Semperoper)**
- **Frankfurt (Alte Oper)**
- **München (Siegestor)**
- **Und natürlich die Kleine aus Seesen!**

Top 10 –
Die höchsten Berge im Harz

Dass der Brocken der höchste Berg im Harz und in Norddeutschland ist, ist unumstritten. Doch neben ihm gibt es im Harz noch weitere Erhebungen, allein zehn sind über 900 Meter hoch. Hier die Top 10.

1.	**Brocken**	1141,2 Meter
2.	**Heinrichshöhe**	1045,0 Meter
3.	**Königsberg**	1033,5 Meter
4.	**Kleiner Brocken**	1018,4 Meter
5.	**Wurmberg**	971,2 Meter
6.	**Renneckenberg**	933,0 Meter
7.	**Bruchberg**	927,0 Meter
8.	**Achtermannshöhe**	924,7 Meter
9.	**Großer Winterberg**	906,4 Meter
10.	**Hohnekamm**	900,6 Meter

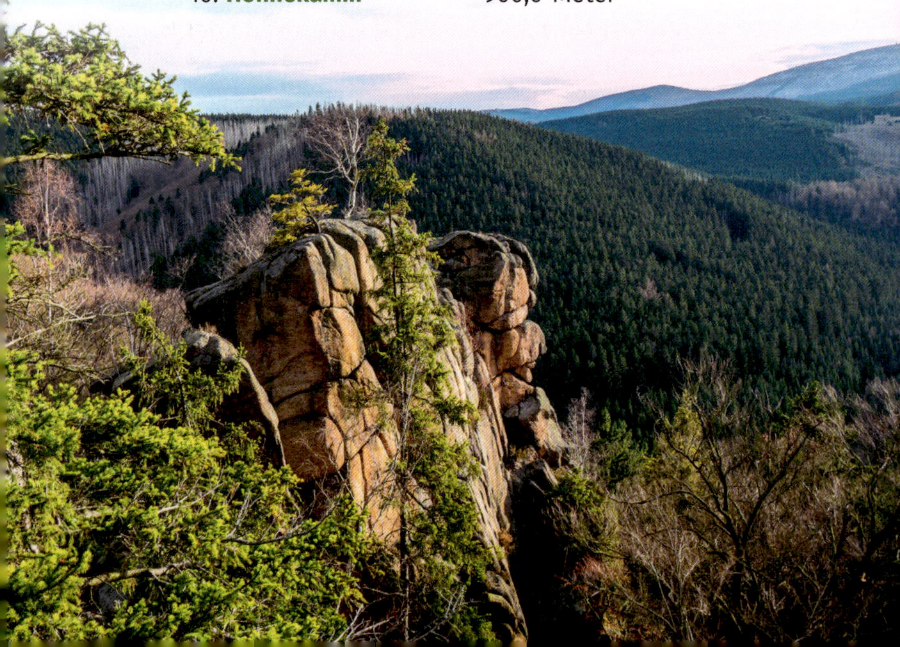

Kaiser en masse

Im Mittelalter war der Harz Zentrum der Kaiser und Könige. Goslar, Quedlinburg, Nordhausen – von hier regierten die Herrscher das Heilige Römische Reich. Doch das ist lange her. Heute schwingen hier ganz andere Kaiser das Zepter. Kaiser mit festem Schuhwerk.

Der Stempelkasten am Ring der Erinnerung

Sage und schreibe 7500 Wanderkaiser gibt es inzwischen. Sie alle vereint eines: Sie gebieten nicht über Menschen, sondern über ihren eigenen Körper. Zu ihrem Reich gehören 222 Stempelstellen, leicht und schwer zu erreichende, die sie alle erwandern – mit Rucksack und Wanderstiefel.

Diese grünen Kästen befinden sich an den schönsten Stellen des Mittelgebirges. Und jetzt festhalten: Helmut Engelmann aus Dahlenwarsleben im Landkreis Börde hat die 222 Stellen schon 40-mal erlaufen!

Dies alles gehört zur erfolgreichen Geschichte der Harzer Wandernadel. Sie begann im April 2006 an der Plessenburg bei Ilsenburg. Zu Beginn existierten nur 158 Stempelstellen, die jedoch schnell auf 222 ergänzt wurden, weil die Landkreise Quedlinburg und Nordhausen hinzustießen.

Neben den Wanderkaisern laufen im Harz jede Menge Wanderkönige herum. Der Verein „Gesund älter werden im Harz" kann sie gar nicht mehr zählen. Ihre Zahl liegt im fünfstelligen Bereich.

Zu den 222 Anlaufpunkten kamen in jüngster Zeit thematische Stempelstellen (mit roten Kästen), die allerdings nicht alle das offizielle Siegel der Harzer Wandernadel tragen.

Wo der Korn wächst

Echter Nordhäuser – die meisten Deutschen denken dabei nicht an jemanden, der aus der Harz-Stadt Nordhausen kommt. Nein, sie denken an Schnaps.

Und das hat seinen Grund. Denn in der über tausendjährigen Südharz-Stadt wurde die Kornbrennerei schon 1507 erstmals erwähnt. Früher als sonst irgendwo auf der Welt. Und das ausgerechnet in Zusammenhang mit einer Steuer. Der Magistrat erhob damals einen Bornewyn-Zins, also nichts anderes als eine Branntwein-Steuer. Diese Abgabe gibt es bis heute.

Viele Prominente haben in diesen über 500 Jahren den Echten Nordhäuser genossen – Goethe, Bismarck, Fontane, vermutlich Napoleon, der für seine Truppen Branntwein aus Nordhausen orderte, in jüngerer Zeit auch der Hitparaden-Guru Dieter-Thomas Heck.

Wilhelm von Leibniz sagte nach dem Genuss des Nordhäusers: „Überall ist Nordhausen." Und der Weltreisende Georg Forster schrieb 1784 nach seinem Besuch im Südharz süffisant: „Ich bemerkte sehr viel dicke schwammige Menschen, so feist wie die Schweine, und von einerley Futter. Das Schnapsen ist hier so eingerissen, daß auch der Bürgermeister selbst 36 Gläser Branntwein in einer Sitzung ausgeleert hat, ohne anders als munter und muthig zu seyn. Alles säuft Branntwein. Vor dem Essen 5–6 Gläser wie nichts. Der Bürgermeister geht nicht aufs Rathaus ehe er tüchtig geschnapst hat."

Nun, das mag etwas übertrieben sein. Denn den größten Teil des Korns versenden die Nordhäuser in alle Welt. Samt ihrer Brennmeister. Die richteten sogar die Brennerei des schwedischen Königshauses auf nordhäusischen Fuß ein.

Um den Echten Nordhäuser vor billigen Nachahmern zu schützen, erließ der Nordhäuser Magistrat 1789 ein Reinheitsgebot für Korn, das erste weltweit. Darin steht, dass Nordhäuser

Korn nur aus Roggen, Malz und Wasser hergestellt werden darf. Das gilt bis heute. 1909 kamen allerdings noch Weizen, Buchweizen und Hafer als Rohstoffe im deutschen Korn-Reinheitsgebot hinzu.

Der Märchendichter Ludwig Bechstein schrieb in seinem „Märlein, wie der Teufel den Branntwein erfand", der Teufel persönlich habe den Nordhäusern gezeigt, wie man Branntwein brennt. Und die ließen sich's nicht zweimal sagen und schenkten seither so viel Branntwein in die Welt hinein wie niemand anders.

Bis heute ist der Korn aus dem Harz in ganz Deutschland bekannt. War der doch bis 1989 auch ein beliebtes Export- und Tauschgut für die Westverwandten. Klar, dass die DDR-Staatsführung Fidel Castro bei einem Besuch 1977 einen Nordhäuser anbot. Fast ebenso bekannt ist inzwischen das Korn-Huhn Henriette.

Das reine Quellwasser und der Holzreichtum des Harzes sowie die weiten Getreidereservoirs der Goldenen Aue, die sich im Süden an das Gebirge schmiegt, waren die Grundlage dafür, dass die Wiege der Kornbrennerei im Harz steht.

Die Echter Nordhäuser Traditionsbrennerei lockt heute jährlich 30.000 Besucher an. Es war früher die Kornbrennerei Seidel.

Der Nabel der Auto-Welt

Wo das Leben tobt, wo Stoßstange an Stoßstange steht, da fallen die wichtigsten Entscheidungen über den Straßenverkehr in Deutschland. Also in Berlin, Hamburg oder Frankfurt? Weit gefehlt.

In das idyllische Harz-Städtchen Goslar reisen jedes Jahr mehrere Hundert Richter, Staatsanwälte, Rechtsanwälte, Ministerialbeamte und Journalisten. Hier diskutieren sie Fragen, für die sich ganz Deutschland brennend interessiert: Wie viele Fahrspuren darf und kann es geben, um Staus zu vermeiden? Muss rechts oder links überholt werden? Welche Bußgelder sind in welcher Höhe angemessen? Und für welche Vergehen gibt es Punkte?

Seit dem ersten Verkehrsgerichtstag 1963 im Hotel „Achtermann" wurde Goslar zum Inbegriff verkehrsrechtlicher Entwicklungen. Ausgerechnet eine Stadt, in der anfangs kaum Autos auf den Straßen unterwegs waren.

Doch schon in den 1950er-Jahren verspürte man bundesweit, dass mehr Fahrzeuge auch mehr Regelungsbedarf bedeuteten. Die Zahl der Verkehrsunfälle und der Opfer stieg – und mit ihnen die Menge der Straf- und Zivilverfahren in diesem Bereich. Die Straßenverkehrsordnung aus dem Jahr 1934 konnte die neuen Fragen längst nicht mehr regeln. Deshalb gründeten Fachleute 1961 das „Verkehrswissenschaftliche Seminar" – in Hamburg!

Warum dessen Tagung ausgerechnet nach Goslar verlegt wurde, weiß niemand mehr genau. Weil es eine der schönsten Städte Deutschlands ist, vielleicht. Schon eher wegen der geografischen Lage in Deutschland. Eventuell auch, weil von Beginn an gerade die rasenden Themen entschleunigt werden sollten. Denn hier prallen nicht selten verschiedene Standpunkte hart aufeinander.

Berliner Luft im Harz

Kennen Sie Paul Lincke? Vielleicht nicht, aber eventuell seinen bekanntesten Song: „Das ist die Berliner Luft". Die heimliche Hymne der Hauptstadt verfasste der Komponist 1904 zu einem Text von Heinrich Bolten-Baeckers. Wie viele Schlager, war auch dieser zunächst Bestandteil einer Operette. Doch er wurde immer populärer und entwickelte sich schließlich zum Gassenhauer.

Mit der Berliner Luft freilich sprach der Texter weniger die Feinstaubwerte an, sondern eher die berühmt-berüchtigte Freiheit im Denken und vor allem der Kulturszene. Dennoch mutet es kurios an, dass Paul Lincke ausgerechnet wegen der guten Luft in den Harz übersiedelte. Kurz vor seinem Tod 1946 ließ er sich in der Kurstadt Hahnenklee nieder. In dem Örtchen bei Goslar gedenkt man dem Begründer der Berliner Operette heute mit einem Denkmal und einem Preis. Der geht jährlich an verdiente deutschsprachige Musiker. 1955 bekam ihn als Erstes der Komponist Friedrich Schröder. Es folgten Stars wie Udo Jürgens, Ralph Siegel, Peter Maffay, Udo Lindenberg oder Max Mutzke (2021). Im Jahr 2009 wurde der Preis erstmals einer Gruppe verliehen, den Fantastischen Vier.

Die Paul-Lincke-Statue steht in der Rathausstraße in Hahnenklee.

Manöver mit Vögeln

Manöver, das hört sich ziemlich martialisch an. Dabei ist das Harzer Finkenmanöver so ziemlich das friedlichste Event, das man sich vorstellen kann. Allerdings nichts für Spätaufsteher.

Früh um sechs. In einem Kreis auf einer Wiese sind ein Dutzend Vogelkäfige aufgestellt. Allesamt von weißen Tüchern verdeckt. Daneben sitzen diejenigen, die den Finken im Bauer besitzen. Frauen, Männer, sogar Kinder. Sie lauschen andächtig ihrem eigenen Vogel. Wie oft schlägt er an? Das ist die Frage und der Schlüssel zum Sieg.

Der schönste und längste Vogelgesang wird nachweislich seit mindestens 500 Jahren im Harz gesucht. Früher in ganz Europa verbreitet, ist es heute eine spezifische Tradition der Gegend. Noch in acht Orten finden diese Wettstreite statt, von St. Andreasberg bis Rothesütte. Sie sind sogar als immaterielles Weltkulturerbe anerkannt (Seite 78). Gesucht werden der schönste und der gesangstärkste Vogelschlag.

Die Tradition trägt heute unter anderem die Buchfinkengilde in Benneckenstein weiter. In St. Andreasberg ist dem Finkenschlagen, wie es auch genannt wird, sogar ein kleines Museum gewidmet. Kulturträger des Finkenbrauchs sind die Finkenbesitzer (Finker). Es handelt sich um etwa 50 Personen, die in einzelnen Harzorten jeweils in Vereinen zusammengeschlossen sind. Von April bis Juni treffen sie sich, um sich dem Wettstreit zu unterwerfen. Langanhaltendes Singen der Vögel ist gefragt. Aber auch das schöne Singen wird bei einigen Gelegenheiten dem Diktat einer Jury unterworfen.

Der Gesang des einzelnen Finken, der Finkenschlag, wird im Schönheitswettbewerb im Hinblick auf die Vollständigkeit seiner Gesangsteile (Eingangssilben, Übergang, Mittelteil, Ausklang), die Sauberkeit des Vortrags und die richtige Tonlage der Gesangsteile über einen Zeitraum von fünf Minuten bewertet. Sie-

Das Finkenmanöver in dem kleinen Ort Rothesütte

ger wird der Buchfink, der die höchste Gesamtpunktzahl für die vorgetragenen Gesänge erreicht.

Beim Stark- und Distanzsingen hingegen geht es darum, wie häufig ein Vogel anschlägt. Ein gesanglich starker und gut trainierter Fink kann in einer halben Stunde 300 Finkenschläge und mehr singen. Um das zu hören, braucht es ein gutes Gehör. Für jeden Schlag darf der Besitzer einen Strich auf ein Papier schreiben.

Nach getaner Arbeit gibt's etwas zu essen und zu trinken. Na dann, auf bis zum nächsten Manöver.

AHA!

Zehn Fakten zur Schmalspurbahn

1. Wurde die Schmalspurbahn wirklich zweimal gegründet?

Das stimmt. Na ja, eigentlich sogar dreimal. 1887 wurde die erste Schmalspurbahn im Harz eröffnet – von Gernrode nach Mägdesprung. 1896 folgte die Nordhausen-Wernigeröder Eisenbahngesellschaft, die 20 Jahre später ihren Sitz von Nordhausen nach Wernigerode verlegte. Sie baute die beiden Strecken Nordhausen-Wernigerode und von Drei Annen Hohne zum Brocken (1899 eröffnet). Am 1. Februar 1993 ging daraus die neugegründete heutige Harzer Schmalspurbahnen GmbH (HSB) an den Start.

1899 entstanden übrigens noch weitere Dampflokstrecken im Harz – von Walkenried nach Braunlage und von Brunnenbachsmühle bis Tanne. Diese verschwanden nach dem Krieg. Die ostdeutschen Linien hingegen übernahm 1949 die Deutsche Reichsbahn. Seit 1990 gibt es immer mal wieder Überlegungen, die HSB gen Westen zu erweitern.

2. Wie viele Loks sind unterwegs?

Nach eigenen Angaben unterhalten die Harzer Schmalspurbahnen 25 Dampfloks, von der Mallet-Gelenklok aus dem Jahr 1897 bis zu den stärksten Schmalspurdampflokomotiven Europas aus den Jahren 1955 und 1956, wovon aber bei Weitem nicht alle unterwegs sind. Hinzu kommen zwölf Diesellokomotiven, zehn Triebwagen und 137 Waggons.

3. Wo werden die Loks repariert?

Bis 2021 schickten die Harzer ihre Loks ins Dampflokwerk nach Meiningen (Thüringen). Um Kosten zu sparen und weitere Touristen anzulocken, baute man mitten in Wernigerode eine Gläserne Werkstatt. Dort findet nun die gesamte Instandhaltung statt.

4. Was kostet es, eine Lok zu reparieren?

Nach Angaben der HSB kostet die Reparatur einer Lok in der Meininger Werkstatt rund eine Million Euro.

5. Wem gehören die Harzer Schmalspurbahnen eigentlich?

Das Unternehmen hat mehrere Eigentümer, allerdings keine privaten. Es gehört den Landkreisen Harz und Nordhausen sowie den Städten Wernigerode, Nordhausen, Harzgerode, Quedlinburg, Oberharz am Brocken, Harztor sowie der Braunlage Tourismus GmbH.

6. Ist das Streckennetz wirklich das größte seiner Art in Deutschland?

Das Streckennetz der HSB ist mit 140,4 Kilometern sogar das größte unter Dampf betriebene zusammenhängende Netz in Europa. Und das im täglichen Linienverkehr! Es teilt sich auf in

die Brockenbahn (von Drei Annen Hohne zum Brocken), die Harzquerbahn (Nordhausen – Wernigerode) und die Selketalbahn (von Eisfelder Talmühle bis Quedlinburg).

7. Wie groß ist die Spurbreite?

Bahnkenner sagen 1000 Millimeter. Für alle anderen: genau einen Meter.

8. Stimmt es, dass der Brocken den höchsten Bahnhof Deutschlands beherbergt?

Nicht ganz. Es ist der höchste Bahnhof mit täglichem Dampfbetrieb, aber der Bahnhof der Zugspitzbahn (Zahnradbahn) ist mit rund 2600 Metern etwas höher. Die Harzer Loks schnaufen sich dagegen „nur" 1125 Meter schneckenförmig nach oben. Die Gäste erwartet bei der Ankunft oft eine völlig andere Witterung als bei der Abfahrt.

9. Wie viele Menschen fahren im Jahr mit der HSB?

Inzwischen sind es über eine Million. Daher empfiehlt es sich, bereits in Wernigerode oder Nordhausen einzusteigen oder die Fahrt auf Randzeiten zu verlegen.

10. Kann man während der Fahrt fotografieren?

Mit etwas Vorsicht schon. Am besten geht das von den Plattformen der Waggons aus. Noch idealer sind allerdings die fahrplanmäßigen Zwischenstopps in Eisfelder Talmühle oder Drei Annen Hohne. Dann können Fotografen die Loks beim Wassernehmen einfangen. Oft stehen sogar mehrere Züge nebeneinander.

Der letzte Bär

Auf dem Rambergmassiv erinnert dieser Findling an den letzten Bären im Anhaltischen Forst.

Wann verlor der Harz denn nun seinen letzten Bären? Darüber gibt es einige Unklarheit. Und zwischen den geläufigsten Daten klafft immerhin ein Jahrhundert.

Ganz offiziell könnte man sagen, es war im Jahr 1696. Immerhin steht an der Stelle, wo das Tier getötet wurde, heute sogar ein Denkmal. Ein Findling mit einer Inschrift auf gusseiserner Platte. Diese vermerkt, dass hier der letzte Bär in den Anhaltischen Forsten erlegt worden sei. Noch dazu ist jener Stein irgendwo zwischen Mägdesprung und Friedrichsbrunn auf dem Rambergmassiv heute Standort einer Stempelstelle für die Wanderer.

Wenn es da nicht auch eine andere Erwähnung gäbe. Dass nämlich der Fuhrknecht Buchtekirch zwischen 1786 und 1788 bei Wernigerode den letzten Bären zur Strecke brachte und dafür vom Grafen zu Stolberg sogar zwei Reichstaler erhalten habe.

Vielleicht stimmt beides. Wenige Jahre später jedenfalls starb auch der letzte Wolf. Wohl 1817 folgte Isegrim der Luchs. Beide sind inzwischen wieder in dem Mittelgebirge anzutreffen. Nur der Bär wird wohl nicht zurückkommen. Die Harzer müssen sich stattdessen mit den neuen wilden Bewohnern anfreunden: dem Waschbären und dem Marderhund.

Ein Harzer mit 40 PS

Traktoren haben oft seltsame Namen: „Pionier“ zum Beispiel oder „Brockenhexe“. Beide sind legendär und keineswegs mit Hexenbesen zu verwechseln. Den RS01/40, besser bekannt als der „Pionier“, taufte man 1957 um in den Traktor „Harz“. Er lief im Schlepperwerk Nordhausen vom Band, den späteren IFA-Motorenwerken.

Zwei Jahre lang bauten die Südharzer den „Harz“. Insgesamt entstanden 2175 Exemplare. Weshalb der „Harz“ heute zu den gesuchtesten Sammelobjekten unter Oldtimer-Freunden zählt. Wer ihn im Original sehen möchte, kann dies im Nordhäuser IFA-Museum tun.

Der Trecker war eine Weiterentwicklung des Pioniers. Er basierte zwar im Wesentlichen auf dem Vorgänger, doch kamen ein überarbeiteter Viertakt-Dieselmotor mit Wirbelkammereinspritzung und andere Finessen zum Einsatz. 40 Pferdestärken sollten auf dem Feld schon wesentlich mehr bringen als zwei Pferde. Weshalb das Gefährt gerade für kleine Höfe perfekt war. Die Brockenhexe hatte übrigens nur 22 PS.

Anders als beim Pionier entfiel beim Typ „Harz“ die Kurbel für den Start. Die Konstrukteure versahen den Neuling mit einem Anlasser. Ganze 17 Kilometer pro Stunde brachte der Trecker aufs Feld.

Dieser Traktor Typ „Harz“ steht heute im Nordhäuser IFA-Museum.

Germanische Kulte

Über dem winzigen Ort Questenberg im Ostharz thront nicht nur eine Burg auf der einen Seite des Tals, sondern auch ein sehr merkwürdiger großer Kranz auf einem Baumstamm auf der anderen Seite.

Das Dorf liegt idyllisch in einem schmalen Tal. Immer im Frühjahr machen sich die Bewohner vor Sonnenaufgang auf, um ihr Heiligtum zu erneuern. Es ist der sogenannte Questenkranz. Der thront 85 Meter über dem Ort und hängt selbst noch einmal an einem zehn Meter hohen Eichenstamm.

Alle paar Jahre muss der Baum erneuert werden. Die Männer wuchten ihn hoch auf eine karg bewachsene Fläche, durch die der hier überall anstehende Gips weiß schimmert. Sie verkeilen den Stamm fest in einem Loch des Gipfelfelsens. Eine etwas abenteuerliche Konstruktion, die aber offenbar seit Jahrhunderten funktioniert.

Bis heute streiten sich Historiker um die Bedeutung der Queste und des dazugehörigen Festes. Stammt es von einem heidnischen Frühlingsfest? Dafür spricht vieles.

Drei Meter im Durchmesser misst der geschmiedete Eisenreif, der auf dem Eichenstamm angebracht ist – mithilfe eines weiteren, fünf Meter langen Querbalkens. Um ihn winden Dorfbewohner zu Pfingsten, nachdem das Grün des Vorjahres verbrannt ist, grüne Birken- und Buchenzweige. Außerhalb des Kranzes hängen zwei Büschel nach unten, ebenso ein Büschel auf der Spitze. Das sind die sogenannten Quasten, die man zum Beispiel von Uniformen kennt.

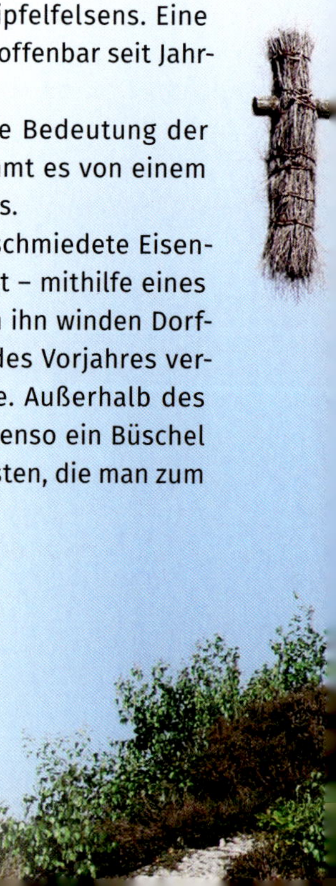

Im Germanischen steht das Wort „kwasta“ für einen Laubbüschel. Das Sonnenrad und der Lebensbaum waren Symbole für die Erneuerung, wie sie im Frühjahr ansteht. Und an der Spitze des Konstrukts bleiben bis heute drei Astgabeln stehen. Auch das spricht für die Deutung als Baum des Lebens.

Nachgewiesen ist die Queste, die offenbar dem Ort ihren Namen gab, seit mindestens 500 Jahren. Schon immer begleitete das Prozedere ein großes Stelldichein.

Die Queste thront über dem Ort.

Die Norweger war'n es

Wer war eher? Die Bayern oder die Harzer? Nein, es geht nicht um den Streit ums deutsche Bier-Reinheitsgebot. Da hatten die Thüringer die Nase vorn, sagen sie. Während die Bayern ihren Anspruch behaupten.

Klarer ist die Sachlage beim Skifahren. Der Münchner Buchhändler August Finsterlin sorgte 1888 für Aufsehen, als er erstmals finnische Skier in Bayern vorführte. Da allerdings waren die Fortbewegungsmittel im Harz schon eingeführt.

Studenten im Ort sorgen für frischen Wind. Das war schon im 19. Jahrhundert so. Es waren norwegische Studenten der Bergakademie Clausthal-Zellerfeld, die in den 1870er-Jahren den Ski in den Harz brachten. Der erste Skifahrer auf dem Brocken kam ebenfalls aus Norwegen.

Doch die Harzer ließen es sich nicht zweimal zeigen, wie der Skihistoriker Dr. Gerd Falkner zu berichten weiß. Er ist selbst Harzer. Sie gründeten 1896 auf dem Brocken den Oberharzer Skiklub. Noch im selben Jahr fand in St. Andreasberg das erste Wintersportfest statt. Auch Frauen standen von Beginn an auf den Brettern, wenngleich des Anstands halber in Kleidern.

Ein Oberförster namens Arthur Ulrichs aus Braunlage gilt noch heute als erster deutscher Skiläufer der Neuzeit. Er ließ Skier nach – wie sollte es anders sein – norwegischem Vorbild erbauen.

Allerdings hatte ein anderer Harzer – Johann Christoph Friedrich Gutsmuths aus Quedlinburg – das Skifahren zuvor schon als Leibesübung propagiert. Er gilt daher als erster deutscher Skilehrer.

Übrigens: Bevor die Harzer auf die Bretter kamen, nutzten sie Schneeschuhe, um durch die Gegend zu stapfen. 1892 gab es in Braunlage bereits einen Schneeschuhklub.

Die Geschichte des Skisports im Harz hat neben Falkner Helmut Tischler vorbildlich aufgearbeitet. Bis heute gibt es in dem Gebirge mehrere Skivereine. Und zwei Skimuseen – in Braunlage und Friedrichsbrunn.

Im Harz isst man Lerchen

Schwer genug, Lärchen von Lerchen zu unterscheiden. Aber die Stolberger setzten noch eins drauf und essen Lerchen.

Dabei handelt es sich zum Glück nicht um Vögel, sondern um dünne lange Bratwürstchen. Das Entweichen der Luft in der Pfanne ähnelt tatsächlich dem Klang eines Lerchenrufs. So soll es zur Namensgebung gekommen sein.

Die Lerchen isst man am besten zusammen mit Grünkohl und Kartoffeln. Aber auch Sauerkraut und Bratkartoffeln sind als Beilagen möglich. Und weil das Ganze durchaus deftig ist, empfiehlt sich ein Korn zum Nachspülen.

Schon 1823 erwähnte ein Autor die Lerchen in einem Taschenbuch für Reisende als „wohlschmeckende Würstchen“, heißt es in der Chronik der Stadt.

Der Fleischermeister Ernst Mansfeld, zugleich Chef des noch heute bestehenden Gasthauses Kupfer, war offenbar kein Dummer, was das Marketing angeht. Er brachte die Lerchen zu einigem Ruhm. So soll er im Deutsch-Französischen Krieg von 1870 eigenhändig mehrere Kilogramm schmackhafter Würste gestopft und selbige nebst etlicher Flaschen Korn ins Kriegslager nach Frankreich geschickt haben. Die Ladung kam beim preußischen Prinzen und dem Rest des Lagers so gut an, dass er mehrere Schreiben bekam, die ihn als „Patrioten“ auszeichneten. Auch im von Bismarck hochgelobten „Harzer Feldfrühstück“ waren Stolberger Lerchen enthalten, erzählt man sich in Stolberg.

Ernst Mansfeld erhielt sogar das Patent als Hofschlächtermeister und Hoflieferant seiner königlichen Hoheit, des Prinzen Karl Friedrich, und das Recht, das königliche Wappen am Hause und auf Briefbögen und Visitenkarten zu führen.

Zwerge gibt's doch

Zwerge gibt es nur im Märchen? Das stimmt nicht. Vielmehr haben sich die einschlägigen Märchendichter an realen Gestalten orientiert. Und die wohnten unter anderem im Harz.

Viele Märchenfiguren gehen auf Vorbilder in der Wirklichkeit zurück. So ist es beispielsweise bei Frau Holle erwiesen. Die sieben Zwerge in Schneewittchen unterdessen waren nichts anderes als Bergleute und werden als solche auch beschrieben. Ihre berühmten Zipfelmützen wurden früher genauso unter Tage getragen, um sich vor dem Gestein zu schützen. Sie waren mit Stroh ausgepolstert und demnach nichts anderes als Schutzhelme. Überdies hielten sie Feuchtigkeit zurück.

Für den Bergbau setzten die Betreiber oft kleinwüchsige Menschen und leider auch Kinder ein. Denn in der Grube ging es eng zu. So entstand der Zwergen-Mythos.

Der Harz ist seit ewigen Zeiten von Erzmienen durchdrungen. Kein Wunder also, dass hier die Zwerge verortet werden.

Übrigens: In zahlreichen Harzsagen kommen auch Bergmönche als Verwandte der schon in der germanischen Mythologie bekannten Zwerge vor. Häufig halfen sie den Bergleuten mit Hammer und Schlägel. Auch ihre Kutten gleichen der Kopfbekleidung der Zwerge aus dem Märchen.

Der Film „Die sieben Zwerge" von Otto Waalkes wurde im Harz gedreht.

Ein in der Grube arbeitender Bergmönch als Denkmal in Thale

Auf heißen Kohlen

50 Tonnen reiner Holzkohle aus Buchenstämmen stellt die Harzköhlerei am Stemberghaus jedes Jahr her. Das ist nichts gegen das, was auf den Grills deutscher Haushalte landet. Und doch bewahrt es eine Tradition, die fest im Harz verwurzelt ist.

Bereits seit dem 13. Jahrhundert ist die Köhlerei hier verbürgt. Allerdings nicht, damit sich die Leute ein Steak auf den Grill werfen konnten. Nein, die Holzkohle diente der Verhüttung von Erzen, die man dem Gebirge abgewann.

Zunächst bauten die Köhler Grubenmeiler. Sie hoben ein rundes Loch in der Erde aus, gaben etwas glühende Kohle hinein und schichteten dann Holzscheit um Holzscheit auf. Das Konstrukt bedeckten sie mit Heu und schließlich mit Erde, um den Meiler abzudichten. Nach zwei bis drei Tagen hatte sich die Glut durch das Holz gefressen und daraus Holzkohle gemacht.

Später lösten die effizienteren Erdmeiler diese Form ab. Jeder wird sie schon einmal im Film gesehen haben. Es sind mit Holzstämmen aufgebaute Kegel. Das restliche Prinzip entspricht dem der Grubenmeiler. In der Köte nebenan – ebenfalls eine kegelförmige Hütte – wachte der Köhler über das Feuer.

Außer den inzwischen verwendeten Industriemeilern sind im Stemberghaus noch die alten Formen zu finden, ebenso bei einigen alteingesessenen Köhlern wie Otto Ibe in Neustadt. Seine Familie köhlert seit 1631 im Hohnsteinschen Forst. Aber Achtung, wer sich den meist im Mai aufgetürmten Gebilden nähert, sollte keine gute Kleidung tragen. Der beißende Geruch des Feuers schwindet nur schwer aus den Fasern.

2003 entstand zwischen dem Stemberghaus und Hasselfelde ein sechs Kilometer langer Köhlerweg für Wanderer. In der Tasche sollten diese eine „Köhlerliesel" haben – einen Likör aus Himbeeren, Brombeeren und Heidelbeeren. Denn der Likör gehört zur Köhlerei genauso wie die typische Harzer Musik.

Otto Ibe köhlert wie seine
Vorfahren im Wald bei Neustadt.

Worpswede grüßt

Als würde ein Kobold oder die kleine Hexe gleich die Türe öffnen. So sieht es aus, das verwinkelte Häuschen mit den weit herabgezogenen Ziegeldächern. Und sein Name passt dazu.

Tatsächlich erinnert das Café Winuwuk in Bad Harzburg an die Künstlerbauten von Worpswede. Und aus dieser Richtung weht auch der Wind. Es war der Worpsweder Architekt Bernhard Hoetger, der hier mit seiner expressionistischen Zeichensprache Hand anlegte. In der „Elfenecke“, zwischen Breitenberg und Elfenstein, schuf er die märchenhaft anmutenden Gebäude als einmaliges Gesamtensemble.

Dore und Walter Degener waren kunstinteressierte Leute. Sie wollten sich Kunst allerdings nicht nur anschauen, sondern sie auch ausstellen. Nicht zufällig trafen sie auf den bereits bekannten Bernhard Hoetger. Der Professor hatte zuvor für den Keksfabrikanten Bahlsen das Modell einer Fabrikanlage mit Wohnstadt geschaffen, die leider nie verwirklichte TeT-Stadt. Schon der Entwurf imponierte dem Paar dermaßen, dass sie ihn ansprachen.

Hoetger ließ sich überreden. Er kam nach Bad Harzburg und war fasziniert von den rot-grünen Farbtönen der Landschaft, dem Zusammenspiel von Natur und den Ziegelbehängen der Häuser hier. Das inspirierte ihn, ebenfalls stark auf Ziegel zu setzen.

Zunächst baute der Architekt ein Kaffeehaus, allerdings nicht, indem er es am Reißbrett zeichnete. Nein, er modellierte das Gebäude intuitiv aus Ton und passte dessen Grundriss den örtlichen Gegebenheiten an. Das Holz für die Gestaltung des Innenraums suchte er persönlich im nahen Heininger Wald aus. Die Eichenstämme wollte er künstlerisch bearbeiten. Daher setzte er – anders als zu jener Zeit schon üblich – nicht auf die geradesten Hölzer, sondern bewusst auf krumm gewachsene. Die Worpsweder Bildhauer Mayweg und Ehlers behauten diese nach seinen

Winuwuk – das Künstlerhaus steht am Rande von Bad Harzburg und ist ein offener Ort.

Vorgaben und schufen so ein einzigartiges Balkengefüge, das bis heute öffentlich zu sehen ist.

Auch Türen, Geländer und die Inneneinrichtung waren beschnitzt und bemalt, einmalige Reliefs schuf Hoetger. Im Mittelpunkt von Winuwuk entstand eine Feuerstelle als Symbol der Gastlichkeit, im nebenstehenden Ausstellungshaus, dem Sonnenhof, ein lebensspendender Brunnen.

1923 öffnete das Haus die Pforten. Für den Harz war es so einzigartig – und ist es bis heute -, dass viele Bewunderer sich aufmachen, es zu sehen. Leider gab es aber auch angewiderte Personen. So verfügten die Nationalsozialisten, alles Figürliche zu entfernen. Die Engländer nutzten Winuwuk nach dem Krieg als Offizierskasino und gestalteten es abermals um.

Erst die Familie Degener gab dem Objekt ihr Antlitz zurück, wie es Hoetger schuf. Wenn auch nicht alle Einzelheiten rekonstruiert werden konnten. Seit 1978 kümmert sich die Familie Kühn um den Schatz. Auch sie führt schon in zweiter Generation Winuwuk fort, wie es einst konzipiert war – als Galerie und Kaffeehaus. Fließende Formen, viel Holz, Türen wie im Märchen – das ist Worpswede im Harz.

Der Name Winuwuk ist die Kurzform für die Philosophie Hoetgers: „Weg im Norden und Wunder und Kunst".

Drei rote Männer

In drei Harzorten steht an exponierter Stelle je eine Gestalt aus Holz, jeweils mit einem ins Auge stechenden roten Mantel. Sie sind weltweit einmalig. Doch was haben diese Holzfiguren in Nordhausen, Neustadt und Questenberg zu bedeuten?

Alle drei sind überlebensgroß, alle drei tragen ein Schwert bei sich. Ihr Gesicht ziert ein Schnurrbart, schwarze Stiefel und goldene Krone vollenden die Dreieinigkeit. Keine Boshaftigkeit, aber der Künstler in Questenberg schien nicht ganz so feinpinselig wie seine Kollegen.

Bei den Männern handelt es sich um Rolandsdarstellungen. Davon gibt es 25 weitere in ganz Europa, die meisten in Deutschland und sie sind aus Stein. (Viele weitere Städte nennen ihre Steinmänner Roland, doch deren inhaltliche Bedeutung ist eine andere.)

Besonders gesegnet ist Ostdeutschland mit den Rolanden. Halberstadt und Quedlinburg komplettieren die Aufzählung für den Harz. Deren Statuen sind allerdings ebenfalls steinern. Wie übrigens auch der ursprüngliche Nordhäuser Roland.

Nur im Harz gibt es rote Rolande: in Nordhausen, Neustadt und Questenberg.

Dessen Nachfolger in Rot stammt aus dem Jahr 1717, wie an seinem Gürtel abzulesen ist. Die Neustädter zogen 1730 nach, die Questenberger kurze Zeit später.

Doch was haben uns diese Rolande zu sagen? Nach Ansicht von Historikern gehen sie auf einen Ritter namens Hroudland unter Karl dem Großen zurück, der diesem nicht nur einmal den Hintern rettete. Daher wurde er ziemlich populär als mutiger Verteidiger. Der Namensvetter in Nordhausen steht mit seinem Schwert für die freie Gerichtsbarkeit der Freien Reichsstadt, die sie bis 1802 war. Das Schild steht für das Recht der Stadt, sich selbst zu verteidigen.

Inzwischen ist der Roland hier das wichtigste Wahrzeichen. Das größte Stadtfest Nordthüringens ist nach ihm benannt.

Der älteste erhaltene Roland in Deutschland und der vielleicht bekannteste steht übrigens in Bremen.

Der Nordhäuser Roland steht direkt am Rathaus. Allerdings ist es nicht das Original von 1717. Den ziemlich verwitterten Bruder brachte man 1993 ins Neue Rathaus. Draußen steht nun eine Kopie aus Epoxydharz.

Harz in aller Munde

Haben Sie sich schon einmal gefragt, woher der Gipsabdruck für Ihr Zahnimplantat oder das Gebiss kommt? Klar, aus dem Labor. Aber der Werkstoff ist mit großer Wahrscheinlichkeit dem Harz entnommen. Dort wachsen die Abbauflächen von Tag zu Tag.

Der gigantische Steinbruch „Kohnstein" bei Niedersachswerfen ist ein Sinnbild für die Ausbeutung der Natur. Eine riesige Steinwand prangt neben dem Dorf. An Renaturierung ist lange nicht zu denken. Drei international agierende Unternehmen dürfen den Gips, der hier in einer besonders reinen Qualität ansteht, abbauen und verwerten. Der Großteil davon geht in Baustoffe, wie die berühmten Gipskartonplatten der Firma Knauf. Hiergegen regt sich Widerstand, weil Gips nun einmal endlich ist.

Doch auch hochreine Gipse für Pharmazie und Medizin, die Keramikindustrie oder den Künstler, der eine Form für seine Plastik benötigt, gewinnen die Firmen hier. Deshalb schwankt vor allem der Südharz zwischen Protest gegen die weitere Verkahlung des Abbaus und Duldung im Sinne aller Verbraucher.

Wanderer erkennen den Gipskarst, wie er heißt, schnell auf Wegen oder in Form von Aufschlüssen an Hängen. Am besten ist das auf dem 239 Kilometer langen Karstwanderweg zu betrachten. Er verläuft vom Landkreis Göttingen bis nach Sachsen-Anhalt. Folgen Sie dem roten Querbalken auf weißem Grund mit einem weißen „K".

Die weiße Gipswand des Kohnsteins bei Niedersachswerfen

Gosen-Pioniere

Die Leipziger lieben ihre Gose, ein sehr schmackhaftes obergäriges Bier. Doch auch wenn sie dessen Konsum kultiviert haben, erfunden haben sie es nicht.

Nein, das waren natürlich die Harzer. In Goslar nämlich mündet der Fluss Gose. Dieser gab nicht nur der Stadt ihren Namen. Auch das Getränk nahm ihn an. Der Legende nach soll das Bier schon den mittelalterlichen Königen gereicht worden sein. Urkundlich erstmals erwähnt ist es aber erst 1332 in einer Urkunde des Klosters Ilsenburg.

Die Goslarer machten einen Fehler: Sie vergaben die Erlaubnis, Gose zu brauen, großzügig an andere. Viele tranken die Gose gern. So sah der Magistrat in der Vergabe der Braugerechtigkeit ein lukratives Geschäft.

Während die Gose ausgerechnet in Goslar aus der Mode kam, erlebte sie in Leipzig einen Aufschwung. Spätestens 1824 war sie hier zu finden. Fürst Leopold von Anhalt-Dessau, auch der Alte Dessauer genannt, soll sie hier eingeführt haben. Wofür die Leipziger ihm heute noch dankbar sind. Noch immer gibt es das Bier hier in vielen Gastwirtschaften.

Doch ist es überhaupt ein Bier? Streng genommen, nein. Denn es entspricht nicht dem deutschen Reinheitsgebot. Gose wird nicht allein aus Hopfen, Malz, Hefe und Wasser gebraut. Sie ist sogar leicht gesalzen. Und die Brauer ergänzen sie um Gewürze wie Koriander. Mancher versetzt sein Glas mit einem Kümmellikör, ein anderer mit Sirup. Es ist also ein etwas merkwürdiges, aber auch extrem süffiges Getränk.

Wie ein Bumerang kehrte die Gose später an den Ort ihrer Erfindung zurück. Im Brauhaus Goslar wird sie heute wieder ausgeschenkt.

Kirchen wie Wikingerschiffe

Nicht nur das Skifahren haben sich die Harzer bei den Norwegern abgeschaut. Auch im Kirchenbau sind die Vorbilder nicht zu übersehen. Imposante Holzkirchen entstanden.

Die größte Holzkirche Deutschlands ist schon deshalb nicht zu übersehen, weil sie blitzeblau angemalt ist. Sie steht in Clausthal auf dem Markt, direkt neben der Universität. 57 Meter lang, 28 Meter breit und Platz für 1000 Menschen. Das ist ein Statement.

Anders als die übrigen Holzkirchen entstand diese schon im 17. Jahrhundert. Der Kirchenbau begann 1637 mit dem Turm, da die Glocke nicht nur die Gottesdienste ankündigte, sondern auch die Bergleute zur täglichen Arbeit rief. Fünf Jahre später wurde das komplette Gotteshaus geweiht. Es besteht komplett aus Fichten- und Eichenholz.

Die Holzkirche von Stiege

Von der Form her noch untypischer für deutsche Lande ist die Stabkirche in Hahnenklee mit ihren vielen Spitzen auf dem Dach, die an byzantinische Baukunst denken lassen. In nur zehn Monaten wurde sie 1907/08 errichtet. Anders als in Clausthal ist hier kein Fachwerk, sondern auch im Innenraum eine reine Holzkonstruktion aus Fichte zu sehen. 240 Menschen finden hier Platz.

Der Stil erinnert an Wikingerschiffe mit zahlreichen Drachen auf dem Dach und in den Verzierungen. Der Kronleuchter ist einem Schiffssteuerrad nachempfunden, die oberen Fenster gleichen Bullaugen.

Seit dem Jahr 2000 hat die Kirche übrigens eine weitere Attraktion: ein Carillon. Das große Turmglockenspiel wird über einen Stockspieltisch mit Händen und Füßen gespielt. Es umfasst 49 Glocken.

Nur wenig älter ist die Holzkirche in Elend. Sie wiederum gilt als kleinste Holzkirche Deutschlands, misst gerade einmal fünf mal elf Meter. Geweiht wurde sie 1897.

Unweit des Bahnhofs von Stiege liegt eine nicht minder beeindruckende Stabkirche aus den Jahren 1904/05. Auch sie verschreibt sich dem Drachen-Stil, wobei in Deutschland eigentlich Engel und Putten dominieren. Hinzu kommen Einflüsse aus dem Jugendstil.

Zu dieser Zeit herrschte im Reich eine gewisse Begeisterung für Norwegen, in der Kunst, aber auch in der Architektur. Skandinavische Holzhäuser konnte man sogar im Katalog aussuchen. Auch die Stabkirche „Marke Albrechtshaus“ war in einem solchen Musterkatalog praktisch für jedermann zu bestellen. Umso erstaunlicher, dass die Kirche in Stiege der einzige erhaltene Sakralbau in dieser Konstruktionsweise ist. Sie misst 23 mal 11 Meter. Die Firstkämme sind nordischen Schiffskielen nachempfunden.

Bis März 2021 stand das Kirchlein abgelegen im Wald und war so der Zerstörungswut ungehobelter Menschen ausgesetzt. Deshalb versetzte es ein Verein nun direkt nach Stiege.

Die Holzkirche in Hahnenklee

Harzer Sandmänner

Den Sandmann gibt es nur im Fernsehen. Oder steckt hinter der populären Figur vielleicht doch mehr? Im Harz liegt die Antwort auf diese Fragen.

Einst gab es im Harz tatsächlich viele Sandmänner. Allerdings kamen sie abends nicht ans Bett und zückten ihr Sandsäckcken. Nein, in Wahrheit hatten sie einen Knochenjob. Um Quedlinburg und Blankenburg existieren zahlreiche Sandsteinfelsen und -höhlen. Hier gruben Tagelöhner den Sand aus, hackten ihn klein und mahlten ihn, bis er so fein war, wie die Kunden es wünschten.

Mit ihm scheuerten die Frauen die Holzfußböden in den Quartieren. Es war also ein Reinigungsmittel, bis irgendwann die Scheuermilch den Sand ablöste. Stuben- und Scheuersand wird dieses Material genannt. Man nutzte es auch, um Holzbottiche oder andere Gefäße zu schmirgeln.

In noch feinerer Form kennen wir bis heute den Löschsand für das Entfernen der Tinte eines Federhalters. Ihn ersetzte später das Löschblatt. Wer die Hände reinigen wollte, nutzte ebenfalls Sand.

Den Luftenberg bei Quedlinburg haben die Sandmänner völlig zerlöchert, vom Mittelalter bis zum Ende des 19. Jahrhunderts. Von den entstandenen Höhlen waren in der 1940er-Jahren noch sechs begehbar. Zwei davon wurden zur Champignonzucht genutzt. Nach dem Krieg sprengte man die Eingänge; zwei Höhlen sind weiterhin durch alte Seiteneingänge zugänglich.

Obwohl es in den 1950ern schon keine Sandmänner mehr gab, erlebten sie eine Wiedergeburt als Fernsehfigur: dem Sandmännchen aus dem Kinderprogramm. Nur neun Tage später ging auch das Westfernsehen mit einem Sandmännchen an den Start. Das Original überlebte bis heute und trägt den Sand in die Stuben, allerdings nicht mehr zum Dielenputzen. Vielmehr dürfte dieser Sandmann auf alte Sagengestalten zurückgehen, die als Träumebringer den Sand in die Augen der Kinder streuten.

Das kleinste Königreich

Georg V. war der letzte König von Hannover. Er hinterließ allerdings ein Königreich, das bis heute existiert.

Vier Jahre, bevor die Preußen Hannover annektierten, richtete sich Georg im Okertal bei Goslar einen Jagdsitz ein. Romkerhall hieß er und wurde mit einer Attraktion versehen: dem höchsten Wasserfall im Harz.

Romkerhall war direkt dem Königshaus unterstellt und gehörte somit zu keiner Gemeinde. Als 1866 die Preußen kamen, stülpten sie zwar dem Land ihre gut sortierte Bürokratie über, aber sie vergaßen, jenes kleine Areal einer Gemeinde zuzuordnen. Das wiederholte sich in den 1970er-Jahren. Wieder war Gebietsreform. Und Romkerhall blieb außen vor. Es ist bis heute gemeindefrei.

Der neue Besitzer, Timo von Sachsen, ein Enkel des letzten Sachsenkönigs Friedrich August III., nutzte diesen Umstand 1988, um Romkerhall in verfallenem Zustand von einem unbekannten Besitzer zu erwerben und es zum kleinsten Königreich der Welt auszurufen. Mit der Prinzessin Erina von Sachsen fand er auch eine geeignete „Königin". Durch ihre Heirat gehörte diese ebenfalls dem Haus Wettin und damit formal dem Hochadel an.

Aktuell führt Fürstin Susanne die Geschäfte, heißt es auf einer eigenen Internetseite des Königreichs. Sie kann Bürger in den Adelsstand erheben oder zum Ritter schlagen. Auch Münzen bringt sie heraus und ernennt Hoflieferanten.

Anders als gewisse Reichsbürger akzeptiert Romkerhall allerdings die Gesetze und Zahlungsmittel der Bundesrepublik. Das Jagdschlösschen ist heute ein romantisches Hotel. „Das Königreich ist selbstverständlich offizieller Bestandteil der Bundesrepublik Deutschland und gehört auch nicht zum Kreis der sogenannten Mikronationen. Mit der Ausrufung des Königreichs wurden keinerlei politische Botschaften verbunden", stellen die Besitzer klar.

Luchs in Sicht

Am 17. März 1818 erlegte der Förster Spellerberg bei Lautenthal den letzten Harzer Luchs. Dem Ereignis ging eine elftägige Jagd voraus, an der in zwei Etappen rund 100 Treiber und 80 Jäger beteiligt waren. An diese Tat erinnert heute ein Gedenkstein.

Fast genau 200 Jahre später kehrte die große Katze zurück. Von Menschenhand war sie verschwunden, Menschenhand siedelte sie wieder an.

Ab dem Sommer 2000 wurden im Nationalpark Harz nach und nach insgesamt 24 Luchse – neun Männchen und 15 Weibchen – in die Freiheit entlassen. Sie kamen aus Wildparks in Europa. Die Hoffnung war, dass die Tiere sich tatsächlich wieder wohlfühlen könnten im Harz. Und schon im Sommer 2002 fanden die Forscher um Luchsexperte Ole Anders in der Wildnis geborene Jungtiere.

Die Population wuchs, und zwar über die Grenzen des Mittelgebirges hinaus. Bei einem Monitoring in den Jahren 2018/19 wies man für Niedersachsen mindestens 25 erwachsene Luchse und 18 Jungtiere nach, für Sachsen-Anhalt zwölf erwachsene Luchse und neun Jungtiere, für Thüringen zwei Exemplare dieser Großkatzen.

Seit 2017 steht, quasi als Ergänzung zum Gedenkstein bei Lautenthal, am Kaiserweg bei Torfhaus ein neues Luchsdenkmal aus Bronze. Es erinnert an die Rückkehr der stolzen Katze in den Harz.

Dem Meer so nah

Hansestadt Goslar? Hört sich komisch an. Und bis zum Meer sind's 250 Kilometer. Aber es stimmt. Und Goslar war nicht einmal die einzige Hansestadt im Mittelgebirge.

Mindestens 27 Städte gibt es in Deutschland, die heute den Zusatz Hanse offiziell im Namen tragen. Und es werden immer mehr. Während Bremen, Hamburg und Lübeck seit 1669 das Erbe der damals aufgelösten, einstmals berühmten Vereinigung der Händler offiziell weitertragen, besinnen sich andere wichtige und weniger wichtige Mitglieder des Bundes schon aus touristischen Zwecken ihres Erbes.

Von 1267 bis 1566 gehörte Goslar dem Städte- und Kaufmannsbund der Hanse an. Allerdings nicht, weil es unbedingt Schiffe in die entlegensten Ecken der Welt senden und Handel treiben wollte, sondern weil es politisch von Vorteil war, einem solchen Bündnis anzugehören, etwa im Kampf gegen Machtansprüche aus der Nachbarschaft. Ähnlich dachten Nordhausen, Osterode und Quedlinburg.

Sie alle üben sich heute allerdings in vornehmer Zurückhaltung, was ihre hansische Vergangenheit angeht, waren sie doch eher zahlende Mitglieder.

Goslar und Nordhausen eint seit dem Mittelalter neben der Hanse ein weiteres Alleinstellungsmerkmal. Beide waren Freie Reichsstädte – die Südharzstadt seit 1220, die Metropole im Westharz seit 1290. Damit unterstanden sie ausschließlich dem Kaiser. Und das bis 1802, als Preußen große Teile Mitteldeutschlands für sich eroberte. Auf Reichstagen konnten die beiden auftreten und taten dies oft im Bündnis mit Mühlhausen (Thüringen). In Goslar wie Nordhausen führte der Status der sogenannten Reichsunmittelbarkeit und der dauernde Kampf gegen Ansprüche umliegender Landesherren zu einem selbstbewussten Bürgertum, das die Geschicke der Stadt selbst in die Hand nahm.

Hexen-Hauptquartier

Hexen scheinen mit kaltem, windigem Wetter kein Problem zu haben. Hätten sie sich sonst ausgerechnet den Brocken als Ort ihrer Zusammenkünfte ausgesucht?

Jedes Jahr am 30. April übernehmen Frauen mit Hakennase, Warze und spitzen Hüten das Kommando im Harz. Dann ist Walpurgis. Spätestens seit Johann Wolfgang von Goethe diesem Fest allen Raum in seinem Faust-Epos widmete, ist es weltweit bekannt. Der Blocksberg gilt seither als unumstrittenes Hauptquartier aller magischen Frauen. Jedoch gab es Legenden darum schon lange vor dem Dichterfürsten.

Weshalb ausgerechnet dieser Ort? Das liegt weitgehend im Dunkeln. Frühere Annahmen, dass der Gipfel für heidnische Rituale verwendet wurde, sind heute widerlegt. Der Brocken weist keine entsprechenden Funde auf.

Fest steht allerdings, dass auch hier oben im Mittelalter skrupellos als Hexen verleumdete Frauen verbrannt wurden.

Fährt man heute in das Mittelgebirge, kommt man an Hexen nicht vorbei. An allen Zufahrten grüßen sie an Gartenzäunen und Fassaden. Der Hexentanzplatz bei Thale ist zugepflastert mit garstigen Figuren aller Art – mal kindlich, wie die kleine Hexe aus dem Kinderbuch, mal frivol, wie es Goethes Schilderung entspricht.

Die Brockenhexe gehört zum Harz wie die Kuckucksuhr zum Schwarzwald.

Im Harz gibt es mindestens zwei Hexentanzplätze. Den bei Thale kennen viele. Der Unbekanntere liegt bei Walkenried im Waldgebiet „Himmelreich“. Hier steht auch eine Stempelstelle der Harzer Wandernadel.

Wer möchte, kann auf dem Hexenstieg laufen, dem höchsten Wanderweg im Harz. Er führt von Osterode über die Brockenspitze bis nach Thale. Eine Alternativroute verläuft um den Berg herum. Radfahrer wiederum sollten der radelnden Hexe folgen. Sie zeigt auf Schildern den Harzrundweg an. Und wer von dem Mythos noch nicht genug hat, dem seien die Romane von Kathrin R. Hotowetz empfohlen. Fans verschlingen die mittlerweile sieben Bände der Krimiserie „Im Schatten der Hexen“. Passend dazu stehen im gesamten Mittelgebirge rote Stempelkästen – an Schauplätzen aus den Romanen.

In Rothesütte entsteht momentan der größte Hexenbesen der Welt, ein 55 Meter hoher Aussichtsturm in Form eines Reisigbesens. Drum herum baut der Landkreis Nordhausen das sogenannte Harzer Hexenreich. In Nordhausen gaben über die Jahrhunderte auch drei Brennereien einen Kräuterlikör namens „Harzer Hexenbesen“ heraus und erfand ein weiterer Betrieb in den 1950er-Jahren den „Hexenkuss“, ein bis heute beliebtes Speiseeis am Stiel.

Immer wieder erfährt das Hexenland neue Aufmerksamkeit durch hier gedrehte Kinofilme wie „Bibi Blocksberg“ und „Die kleine Hexe“. Ein Image, über das sich die Harzer keinesfalls ärgern. Zumal Hexen selbst hier schon lange nicht mehr auf dem Scheiterhaufen enden.

Hexen aller Art treiben sich auf dem Hexentanzplatz herum.

Der erste Vegetarier

In der Heimat der Würste und Klöße würde man ihn nicht vermuten: den ersten Vegetarier. Doch die Bewegung nahm ihren Anfang tatsächlich im Harz.

Vegetarier auf der ganzen Welt sehen heute den Theologen Eduard Baltzer als den ersten Vorkämpfer ihrer Bewegung an. Natürlich werden vor ihm Menschen komplett auf Fleisch verzichtet haben, doch der Mann gab der Idee einen Rahmen und einen theoretischen Überbau.

Am 21. April 1867 gründete er mit einigen Mitstreitern in Nordhausen den Verein für natürliche Lebensweise und stieß so die Vegetarierbewegung an.

Die Ideale verbreiteten sich umso schneller, als Baltzer gleich noch eine Zeitschrift für Freunde der natürlichen Lebensweise herausgab. Schon zwei Jahre später wurde der Verein auf das gesamte deutsche Reich ausgeweitet und fand schnell Anhänger.

Baltzer geriet zur zentralen Figur des frühen Vegetarismus in Deutschland. Er leistete sowohl in der theoretischen Begründung des Vegetarismus als auch in praktischen Fragen wie der Vereinsbildung oder der vegetarischen Kochbuchliteratur wertvolle Pionierarbeit, lobt ihn heute die Internationale Vegetarische Union. 1868 verfasste er das erste deutschsprachige vegetarische Kochbuch.

Überhaupt war der Mann seiner Zeit weit voraus. Er leitete die erste Freie Religionsgemeinschaft in Nordhausen, war Vorkämpfer bei der Revolution 1848 und betätigte sich als liberaler Journalist und Zeitungsherausgeber.

Vegetarier wurde er erst mit 52 Jahren. Dann aber umso konsequenter. Sein Verein avancierte zum Vorbild vieler weiterer vegetarischer Vereine und Organisationen.

Diese Tafel hängt heute in der Nordhäuser Baltzerstraße.

In den ersten Jahren der deutschen Vegetarierbewegung nannten sich die Anhänger der fleischlosen Lebensweise „Vegetarianer". Erst später, etwa ab 1880, wurde das moderne Wort „Vegetarier" üblich.

In den Jahren darauf verfasste der umtriebige Pfarrer ein mehrbändiges Werk unter dem Titel „Natürliche Lebensweise". Für ihn bedeutete Vegetarismus viel mehr als nur eine Frage der Ernährung. Für ihn bedeutete der Verzicht auf Fleisch gleichzeitig auch eine Hinwendung zu sozialen, ethischen und ökonomischen Problemen. Das Tier stellte für den Mann ein schutzbedürftiges Mitgeschöpf dar, würdigt die Internationale Vegetarische Union ihren Pionier.

Übrigens: Mindestens so bekannt wie der Vegetarismus ist zumindest in Ostdeutschland eine andere Neuerung Baltzers. Er erfand die Jugendweihe (Seite 109).

Als wäre das nicht genug, setzte er sich auch noch nachhaltig für die Gleichberechtigung der Frau ein. Der Prediger mochte sich nicht damit einverstanden erklären, den Frauenvereinen weitgehend den Bereich der Frauenbildung und der Kindergärten zu überlassen, handle es sich dabei doch um eine Angelegenheit, „die den Menschen angeht, und weder den Mann allein noch das Weib", schrieb er 1850 in der Zeitschrift „Die neue Reform".

Nach Baltzer ist heute in Nordhausen eine Straße benannt. Die Zahl der Vegetarier auf der Welt wird inzwischen auf eine Milliarde geschätzt.

15 Filme aus dem Harz

HEIDI

Für den 2015 mit dem brillanten Bruno Ganz als Almöhi neu aufgelegten Filmklassiker wurden sowohl Quedlinburg als auch Halberstadt kurzerhand zum Frankfurt des 19. Jahrhunderts. Wenn Heidi zum Frankfurter Dom läuft, befindet sie sich in Wahrheit auf dem Quedlinburger Marktkirchhof. Und die Außenaufnahmen der Villa Stresemann entstanden am Domplatz in Halberstadt. In dieser Stadt verwandelten die Filmproduzenten auch die Dompropstei, heute Standort der Hochschule Harz, in den historischen Frankfurter Bahnhof.

DER MEDICUS

Es wird eine englische Feld- und Küstenlandschaft gesucht? Nehmen wir doch den Harz. Gedreht hat das Team für den 2013 veröffentlichten Streifen auf dem Brocken, bei Elbingerode (Küstenlandschaft, was sonst), an der Teufelsmauer bei Blankenburg (englischer geht's nicht) und in Quedlinburg.

MONUMENTS MEN

Rund einen Monat lang drehte Filmstar George Clooney mit seinem Team im Jahr 2013 an etlichen Orten im Harz, und mit ihm Größen wie John Goodman, Matt Damon und Bill Murray. Schon die Eröffnungsszene zeigt den Halberstädter Dom. Im Ottiliae-Schacht in Clausthal-Zellerfeld, im Stollensystem zwischen Halberstadt und Langenstein, in der Grube „Hilfe Gottes" in Bad Grund, vor allem aber im Goslarer Bergwerk Rammelsberg suchen die Filmhelden Hitlers angeblich vernichtete Kunstschätze. Und das Harzer Städtchen Osterwieck wird flugs zu einem österreichischen Ort. Derweil sich viele Goslarer an einen Statistenauflauf für eine Szene in der Breiten Straße erinnern. Die aber bedauerlicherweise dem Schnitt zum Opfer fiel.

TILL EULENSPIEGEL

Viel Harz steckt auch in dem 2014 geschaffenen TV-Zweiteiler „Till Eulenspiegel“ mit Jacob Matschenz und Jule Hermann. Szenen entstanden am Frankenberger Plan und in der Peterstraße von Goslar sowie am Finkenherd, einem malerischen Winkel in Quedlinburg. Und in Osterwieck liegt der berühmte Marktplatz, auf dem der Narr Eulenspiegel seine Streiche spielte. Der Drehort war „Schäfers Hof“ mitsamt der Gartenanlage.

GOETHE

Was tut man nicht alles für den Dichterfürsten und einen guten Filmdreh. Als die Mittelstraße und die Tralle in Osterwieck 2010 zum Wetzlar des Jahres 1773 wurden (wohin Goethes Vater den Jungen nach seinem gescheiterten Jurastudium schickte), mussten die Straßen mit Folie ausgelegt und mit Schotter und Lehm versehen werden. Warum? Weil Wetzlar – wie vermutlich auch Osterwieck – damals noch keine gepflasterten Straßen kannte. In Osterwieck entstanden die Kutschfahrt- und herrliche Jahrmarkt-Szenen. Moritz Bleibtreu und Henry Hübchen waren unter anderem mit am Set. Aber Achtung: Auch Quedlinburg diente diesem Film als altes Wetzlar.

DAS KLEINE GESPENST

Eine schöne Fachwerkstadt, oben mit einer Burg. Das suchte Regisseur Alain Gsponer für seinen Film mit Uwe Ochsenknecht. Da kam fast nur Quedlinburg in Frage, aber auch das Schloss in Wernigerode. Gar nicht so leicht, doch digitale Technik macht es möglich, zwei Harzer Städte ganz ohne Gebietsreform zu vereinen. In Quedlinburg drehte das Team 2012 im Schlossmuseum, am Rathaus, auf dem Marktplatz, im Schuhhof, in Hölle, Pölle und Stieg. Das sind tatsächlich Straßennamen in Quedlinburg. In Wernigerode wurde das Schloss zum Zentrum, pardon: zur Burg Eulenstein.

DIE KLEINE HEXE

Mal ehrlich, wo sollte ein Film über Hexen spielen, wenn nicht im Harz? Klar, dass 2016 für Otfried Preußlers Kinderbuch-Klassiker das Mittelgebirge als Drehort angesteuert wurde. Im Mittelpunkt steht das Hamburger Wappen, eine markante Felsformation bei Timmenrode (Seite 73). Ein weiteres Set für Karoline Herfurth & Co. – darunter die großen Blocksberg-Szenen – wurde im Gewerbepark Seesen aufgebaut. Der Thron der Oberhexe steht übrigens seit 2018 im Museum im Ritterhaus zu Osterode.

TSCHICK

Die Burg Regenstein sieht von Weitem aus wie ein Schweizer Käse. Das aus vielen Felsenräumen bestehende Bauwerk wurde 2015 zum Drehort für den Roadmovie „Tschick“. Nicht das erste Mal, dass die raue Harzlandschaft Westerngefühle bei Filmteams weckte. Erinnert sei an den Streifen „Die Könige der Nutzholzgewinnung“. An der Talsperre Wendefurth treffen die Jungs in dem Film auf Isa. Auf einem vermeintlich verlassenen Bootssteg entstanden herrliche Szenen.

FRANTZ

Um 100 Jahre versetzte Regisseur François Ozon die Breite Straße in Quedlinburg zurück, inklusive der Geschäfte. Schließlich sollte alles echt werden für die deutsch-französische Produktion „Frantz“. Auch der Bad Suderöder Schmalspur-Bahnhof tauchte plötzlich in die Zeit nach dem Ersten Weltkrieg ein. Und in

Wernigerode wurden 2015 die Straßen rings um den Liebfrauenkirchhof abgeriegelt. Alles fürs Kino.

BIBI & TINA

Ihre Kinder können es Ihnen sofort sagen: In „Bibi & Tina" steckt viel Harz. Natürlich ist wieder einmal die magische Felsformation Teufelsmauer mit dem Hamburger Wappen mit von der Partie. Am Wappen treffen sich Bibi und Tarik in Teil 2 zum Plausch. Noch mehr Harz befindet sich in Teil 3. Die Bushaltestelle zu Beginn liegt bei Cattenstedt. Die Sandhöhlen finden Fans bei Blankenburg. Und überhaupt spielt hier die gesamte Suche der Sterne sowie unter anderem an der großen Teufelsmühle östlich von Friedrichsbrunn. Kleiner Tipp: Der letzte Stern liegt in der Rübeländer Baumannshöhle versteckt.

BLACK DEATH

Da ist sie schon wieder, die Teufelsmauer. Die Felsformation bei Blankenburg eignet sich eben beinahe für jedes Genre. In diesem Fall für einen britisch-deutschen mittelalterlichen Mystery-Streifen. Gedreht wurde dafür auch auf dem Blankenburger Schloss und im geheimnisvollen Bodetal. Die Geschichte spielt zur Zeit der Pestepidemie im 14. Jahrhundert.

1 RITTER

Klar, Til Schweiger war auch schon da. In seinem Film „1 ½ Ritter – Auf der Suche nach der hinreißenden Herzelinde" ist fast jeder Promi des deutschen Kinos dabei. Gedreht wurde unter anderem bei Blankenburg und in der Pfeilerbasilika Münchenlohra bei Nordhausen.

WINNETOUS SOHN

Und wieder mal der wilde Westen im Harz. Für die liebevoll gemachte Komödie um zwei Nachwuchs-Indianer heutiger Zeit bot sich natürlich die Westernstadt „Pullman City" bei Hasselfelde als Drehort an. Aber auch nach Halberstadt und ins Bergtheater

Thale kam das Filmteam im Sommer 2014. Übrigens: Schauspieler Tristan Göbel kehrte kurz darauf für „Tschick" in den Harz zurück.

SIEBEN ZWERGE

Seine sieben Zwerge plus das Schneewittchen (die bezaubernde Cosma Shiva Hagen) brachte Blödelbarde Otto Anfang der 2000er-Jahre mit in den Harz. Sämtliche Szenen von „Sieben Zwerge", die im Thronsaal spielen, entstanden im Klausurgebäude der Klosterruine Ilsenburg. Und als Bergwerk diente den Filmemachern die Rübeländer Tropfsteinhöhle. Weitere Schauplätze liegen in Quedlinburg am Marktplatz neben dem Rathaus, in Wernigerode am Oberpfarrkirchhof und am Blauen Haufen in Goslar sowie in Bad Harzburg und Clausthal-Zellerfeld.

Im Carl-Lambrecht-Chalet, einem Ferienhaus in Ilsenburg, stehen übrigens noch zwei der 1,50 mal 0,5 Meter kleinen Zwergenbetten aus dem Film.

DAS WUNDER VON LENGEDE

Es ist wohl einer der beeindruckendsten Filme, der je im Harz gedreht wurden. Elf Männer hatten nach dem Grubenunglück von Lengede in einem Stollen überlebt. Gedreht wurde das ganze Drama im Bergwerk Rammelsberg auf dem Gelände einer alten Erzaufbereitungsanlage in Goslar. In der alten Preussag-Erzwäscherei entstand ein Jahr später auch „Die Sturmflut" über die Hamburger Flut vom Februar 1962. Das Set ist heute einer der begehrtesten Plätze für dramatische Flutungs-, Überschwemmungs- und Tauch-Szenen.

Alpen-Feeling

Die Berge des Harzes sind um einiges kleiner als die der Alpen. Dennoch erschlossen die hiesigen Touristiker sie schon früh – für Fußlahme, Mutige und Schwindelfreie.

Bereits 1929 ging in Bad Harzburg die nördlichste Großkabinen-Seilbahn Deutschlands in Betrieb. Sie brachte bis heute über 25 Millionen Menschen auf den **Großen Burgberg** – der gerade einmal 483 Meter hoch ist. 18 Gäste passen in die Gondel. Drei Minuten, schon ist man oben. Neben einem prächtigen Fernblick warten die Ruinen der Harzburg darauf, entdeckt zu werden. Die Canossa-Säule auf dem Gipfelplateau erinnert an Reichskanzler Otto von Bismarck.

Seit Kurzem geht es aber auch deutlich abenteuerlicher den Berg hinab. Mit der sogenannten Baumschwebebahn, nur in einem Gurt sitzend, können sich Schwindelfreie mit einer Geschwindigkeit von 15 Kilometer pro Stunde ins Kalte Tal stürzen.

2,8 Kilometer lang ist die Seilbahn, die Skifahrer auf den **Wurmberg** bei Braunlage bringt. Er reicht fast an die 1000 Meter heran und ist daher eines der schneesichersten Skigebiete im Harz. Die Seilbahn ist die längste ihrer Art in Norddeutschland.

Mit Glasfußboden ausgestattet sind die Kabinen der **Seilbahn in Thale**. Sie führt aus dem Bodetal direkt auf den Hexentanzplatz. Alternativ besteigen Touristen den etwas luftigeren Sessellift zur Rosstrappe, dem markanten Granitfelsen.

In Vierer-Kabinen geht es von Hahnenklee bei Goslar hinauf zum **Bocksberg**. Derweil die Passagiere der **Burgseilbahn** in Bad Lauterberg in Doppelsesseln Platz nehmen dürfen. 63 Prozent Steigung versprechen einen Kick und ein gutes Vorankommen. 1954 wurde diese Bahn eröffnet und von 2000 bis 2001 saniert.

Ach, und dann wäre da noch etwas für die wirklich Mutigen: **Flying Fox**. Nur an einem Seil, in ein Geschirr gepackt, überfliegt der Besucher die Talsperre Wendefurth mit 85 Stundenkilometern.

Harzer Roller für alle Welt

Wo Bergbau betrieben wurde, gibt es auch Kanarienvögel. Waren sie doch quasi eine Alarmanlage unter Tage. Im Harz entwickelte sich daraus eine eigene Rassebezeichnung.

Aus heutiger Sicht mutet es etwas grausam an, aber für die Bergleute waren Kanarienvögel eine Lebensversicherung. Drangen in den Stollen Giftgase ein oder wurde der Sauerstoff knapp, fiel der Vogel von der Stange. Kein anderes Tier reagierte so schnell auf Luftveränderungen. Höchste Zeit für die Kumpel, das Weite zu suchen.

Im Harz existiert eine Kanarienrasse, die einen besonderen rollenden, trillernden Ton hervorbringt. Sie wird Harzer Roller genannt. Die Vorfahren stammten aus südlichen Gefilden und kamen im 18. Jahrhundert in den Norden. Bergleute sollen den Kanariengirlitz mit seinem grünlich-gelben Gefieder hier eingeführt haben. Spätere Züchtungen brachten verschiedenste Färbungen hervor.

Das Lied eines Harzer Rollers besteht im Großen und Ganzen aus vier Strophen, auch Touren genannt: Hohlrolle, Knorre, Pfeife und Hohlklingel. Die Hohlrolle ist das wichtigste Element. Dabei singt der Vogel ein „r" rollend in Verbindung mit den Vokalen „ü", „o" oder „u". Benutzt der Vogel bei seinem Lied ein „li", so nennt man das eine Klingel oder als „ri" eine Klingelrolle.

Mit der Zucht des Harzer Rollers verdienten sich die Besitzer etwas hinzu. Die Singvögel waren richtig teuer und wurden bis Amerika, Australien und Südafrika in großen Mengen exportiert. Allein nach New York sollen 120.000 Stück gegangen sein. In St. Andreasberg gab es in der Spitze zum Ende des 19. Jahrhunderts über 300 Züchter. Beladen mit Dutzenden kleinen Käfigen, brachten Frauen die lebende Ware zur nächsten Bahnstation.

Heute müssen die Vögel nicht mehr unter Tage Leben retten. Sie dürfen mit ins Haus und dort mit ihrem frischen Gesang begeistern.

Saale-Wein aus dem Harz

Die Saale-Unstrut-Region um Freyburg wird gemeinhin als nördlichstes Weinanbaugebiet Deutschlands betitelt. Doch das stimmt nicht ganz.

Die Weinberge der Familie Kirmann im Nordharz

Tatsächlich baut die Familie Kirmann im nördlichen Harzvorland, also weit nördlicher, schon seit über 30 Jahren Wein an. Und das mit Erfolg. Was die Wenigsten wissen: Weinanbautechnisch gehören ihre Hänge sogar zum Anbaugebiet Saale-Unstrut. Obgleich sie 120 Kilometer weit entfernt liegen. Die im Weingesetz eingetragene Einzellage „Westerhäuser Königstein" umfasst die Weinberge in Westerhausen und den Bornholzweinberg in Quedlinburg.

Der größte Westerhäuser Weinberg ist der Königstein mit dem markanten Kamelfelsen. An der Südseite stehen Riesling, Spätburgunder, Dornfelder und Cabernet Mitos. Auf dem kleinen Westerhäuser Weinberg wachsen seit 2013 die Rebsorten Müller-Thurgau, Weißburgunder, Grauburgunder und Cabernet Mitos. In Quedlinburg kommt noch der Traminer hinzu.

Matthias Kirmann macht das vom Harz geschützte milde Klima und die lehmigen, steinigen Böden für die gute Entwicklung seiner Weine verantwortlich. Auch Eiswein und aus den Trauben gewonnene Schnäpse bietet er an. Inzwischen ist der Weinberg sein Haupterwerb.

Übrigens: Seit 2006 lesen die Winzer auch bei Vollmond ihre Trauben. Ob es wirklich anders schmeckt? Man kann es vor Ort probieren.

Die erste deutsche Ärztin

1899 dürfen Frauen im Deutschen Reich erstmals offiziell Staatsexamen in Medizin, Zahnmedizin und Pharmazie ablegen. Die Erste, der das schon 150 Jahre zuvor gelang, war Dorothea Christiane Erxleben aus Quedlinburg. Dafür musste sie bis zum König gehen.

Die 1715 geborene Dorothea, deren Geburtshaus heute denkmalgeschützt ist, wurde von ihrem Vater, einem Arzt, auf das Leben mit der Medizin vorbereitet. Selbst ein wenig kränklich, interessierte sie sich bald für Naturwissenschaften, lernte begierig und vertrat ihren Vater später sogar in seiner Praxis.

Mit ihrem Bruder studierte sie medizinische Bücher. Doch anders als er durfte sie nicht an die Universität. Eigentlich. Sie wandte sich daher an Friedrich den Großen. Der König machte eine Ausnahme und ließ sie in Halle zur Promotion zu.

Vorerst nahm sie dieses Recht allerdings nicht wahr, kümmerte sich stattdessen um ihre angeheirateten Kinder. Als sie wieder zu praktizieren begann, versuchten die männlichen Kollegen in der Stadt, sie zu diskreditieren. Ja, sie klagten sogar vor Gericht. Aus Angst vor einer Frau?

„Die Verachtung der Gelehrsamkeit zeigt sich besonders darin, dass das weibliche Geschlecht vom Studieren abgehalten wird", schrieb Dorothea tapfer und übernahm 1747 die Praxis ihres Vaters.

Mit 39 Jahren, nach der Geburt ihres vierten Kindes (!), begann sie doch noch zu promovieren. Sie reichte die Doktorarbeit 1754 ein und bestand mit Auszeichnung.

Bis zu ihrem Tode 1762 blieb die taffe Dame in Quedlinburg. Weit entfernt war noch zu dieser Zeit das allgemeine Recht von Frauen auf ein medizinisches Studium. Heute ist nach Erxleben ein Lernzentrum an der Universität Halle benannt, wo auch eine Bronzebüste von Deutschlands erster Ärztin steht. Die Kliniken Quedlinburg und Wernigerode heißen nach ihr sowie viele Straßen von Lübeck über Bonn bis Dresden.

Wo ist Hamburgs Wappen?

Na ja, man braucht schon etwas Fantasie. Aber wenn man sich richtig anstrengt, dann wird aus einer Felsformation bei Timmenrode das Hamburger Wappen. Das besteht bekanntlich aus drei Türmen. Und die 250 Meter hoch aufragende Gesteinsformation aus Sandstein ist ebenso in drei recht gleichförmige Teile zerklüftet.

Die drei Zinnen können geübte Wanderer übrigens erklimmen und werden mit einem fantastischen Blick belohnt. Vermutlich aus Dankbarkeit, dass ihnen ein Stückchen Harz gewidmet ist, schenkten die Einwohner der Hansestadt den Harzern ein Wappen. Dieses am Felsen angebrachte Schild ermöglicht nun direkt am „Hamburger Wappen" den Vergleich mit dem Original. Zum Glück kam noch niemand auf die Idee, den Berg ebenso rot anzumalen. Nicht einmal die Produzenten des Films „Das singende, klingende Bäumchen". Ihnen diente das Naturdenkmal 2016 als Kulisse.

Klar, dass der Platz, der noch dazu mit den Kuhställen genannten Sandsteinhöhlen glänzt, eine Station des Harzer Stempelstellensystems ist. Wer Lust hat, kann von hier schon zum Großvater wandern, aber das ist eine andere Geschichte.

Hamburger Wappen – Original und Kopie

Rietschels Erstes

Ein Denkmal von ihm kennt jeder: das mit Goethe und Schiller vor dem Weimarer Nationaltheater. Drei Jahre vor seinem Tod hat der berühmte Bildhauer Ernst Rietschel diesen Coup gelandet. Doch sein erstes Werk steht im Südharz. Und ist einem Schnapsbrenner zu verdanken.

Als der Brennherr Christian Carl August Bötticher starb, hinterließ er ein Testament. Er hatte mit dem Verkauf von Nordhäuser Korn viel Geld gemacht. Und so verfügte er 1824 per Nachlass 500 Reichstaler für eine Brunnenfigur auf dem – natürlich – Kornmarkt. Also beauftragte der Magistrat die berühmte Kunstgießerei in Lauchhammer, das gewünschte Motiv, den Neptun, herzustellen.

Die Arbeit sollte ein junger Dresdner namens Rietschel übernehmen. „Ich hatte beinah ein Jahr mit dieser trostlosen Arbeit zugebracht, die ich wie einen Sisyphusstein immer von Neuem wälzen mußte", schreibt er in seinen Erinnerungen.

Auch wenn das nach Mühsal klingt, am Ende schuf er ein wundervolles Werk, 2,50 Meter groß, 1400 Kilo schwer. Vier Jahre nach Böttchers Tod stand er fertig da: der Meeresgott mit Dreizack, einen Fuß auf einen Fisch gesetzt.

Nach Ernst Rietschel wurde der 1991 entdeckte Asteroid „Rietschel" benannt.

Im selben Jahr traf Rietschel in Weimar auf Johann Wolfgang von Goethe. Der Grundstein für sein wesentlich berühmteres Werk war gelegt.

Wegen des zunehmenden Straßenverkehrs auf dem Nordhäuser Kornmarkt versetzte man das Denkmal 1935 in die Nähe des Stadttheaters. Dort befindet es sich noch heute. Ein Nachguss davon steht vor der Remise des Schlosses Klein-Glienicke in Berlin.

Rietschel schuf übrigens auch die größte Quadriga Europas in Braunschweig (Seite 24). Sein letztes Werk ist ebenfalls berühmt. Es ist das Wormser Luther-Denkmal. Und hier schließt sich der Kreis. Ein Nachguss dieser Statue wiederum stand bis 1945 im Harz, ebenfalls in Nordhausen.

Rietschels Neptun in der Nordhäuser Promenade

AHA!

Siebenfach geschützt

Der Harz ist reich an Unesco-Welterbestätten. Das hat er vor allem den im Mittelalter agierenden Kräften zu verdanken.

Es gab noch keine Autos, Flugzeuge oder Züge. Dennoch war Europa im Mittelalter in vielen Dingen enger verbunden, als man glaubt. Vor allem galt dies für die Mönche, Künstler und Kunsthandwerker. Sie trugen Malerei, Architektur und Literatur in alle Richtungen. So auch nach Naumburg.

Dort steht eines der bedeutendsten Kulturdenkmäler des Hochmittelalters, der **Naumburger Dom**. Seine zwölf Stifterfiguren, dem Naumburger Meister zugeschrieben, gelten als Spitzenleistung. Das Zusammenspiel von Architektur, Skulptur und Glasmalerei ist ein Meisterwerk der menschlichen Schöpferkraft. Die hier dargestellte Markgräfin Uta gilt als schönste Frau des Mittelalters.

Auch die zwei Lettner, die den Chor vom Kirchenschiff trennen, führten dazu, dass der Dom 2018 zum Unesco-Welterbe ernannt wurde.

Der Naumburger Dom

Nicht minder imposant, aber auf ganz andere Art, sind das **Bergwerk Rammelsberg**, als das mit über 1000 Jahren älteste Bergwerk Deutschlands, und das hiesige Wasserwirtschaftssystem, das sogenannte **Oberharzer Wasserregal**, beides als Welterbe anerkannt. Die Mönche des Klosters Walkenried – auch dieses unter Unesco-Schutz – schufen für den Bergbau famose Einrichtungen, ein ganzes Wasserleitsystem zum Betreiben

Ein Teil des Oberharzer Wasserregals

der Gruben. Es besteht aus 107 historischen Teichen, Gräben mit einer Gesamtlänge von 310 Kilometern und Wasserläufen über 31 Kilometer. In Walkenried erklärt ein Unesco-Welterbe-Infozentrum das System.

Zusammen mit der ebenfalls unter Schutz gestellten **Goslarer Altstadt** erstreckt sich die Oberharzer Wasserwirtschaft auf einer Fläche von über 200 Quadratkilometern mit zahlreichen Einrichtungen.

Die Quedlinburger Altstadt

Hoffentlich für alle Zeit unter Schutz steht überdies die **Altstadt von Quedlinburg**. Viele nennen sie die schönste Stadt Deutschlands. 1300 Fachwerkhäuser bilden das Zentrum. In dessen Mitte thront die berühmte romanische Stiftskirche St. Servatii. Sie beherbergt einen der wertvollsten Kirchenschätze des Mittelalters. Der Sage nach wurde hier auch dem ersten König des Heiligen Römischen Reiches Deutscher Nation, Heinrich dem I., die Königswürde angetragen.

Zum Harz gehörig fühlt sich auch die Stadt Eisleben. Hier kam Luther zur Welt. Hier steht auch sein Sterbehaus. Die **Luthergedenkstätten** gehören seit 1996 zum Unesco-Welterbe.

So weit, so gut. Doch der Harz weist außerdem drei sogenannte immaterielle Kulturerben auf: die **Finkenmanöver** (Seite 32), das **Köhlerhandwerk** (Seite 46) und seit 2020 den **Grasedanz**. Ihn gibt es nur in Hüttenrode und Neuwerk. Der seit über 100 Jahren bestehende Brauch, den Frauen initiierten, ist eine Art Heuerntefest. Zunächst werden Birken an jedem Hauseingang aufgestellt. Dann schmücken die Frauen den Festplatz und ziehen per Los eine Grasekönigin. Schließlich wird drei Tage lang gefeiert.

Steinweg oder Steinway?

Wilhelm Steinweg erblickte am 5. März 1835 in Seesen das Licht der Welt. Kennen Sie nicht? Wetten, dass doch?

Übersetzen wir den Wilhelm in William und den Steinweg in Steinway. Dann dämmert es langsam. Hinter dem Namen verbirgt sich niemand Geringeres als der weltweit berühmteste Klavierbauer.

Die Anfänge machte sein Vater Heinrich in Seesen. Ab den 1830er-Jahren fertigte er Klaviere. 1850 aber entschied er, mit der Familie in die USA auszuwandern. Zu dem Zeitpunkt hatte er schon 500 Instrumente gebaut.

In New York etablierte der Harzer seine Firma unter dem Namen Henry E. Steinway, lieferte seine Produkte schon bald zum Broadway, meldete Patente an. Und der Aufstieg schritt steil voran.

Der Steinway-Flügel in Seesen

Mit ihm erfolgreich wurde sein vierter Sohn William. Er vergaß die Verbindung zur alten Heimat nicht, spendete viel und wurde 1888 Ehrenbürger von Seesen. Den heutigen Steinway-Park finanzierte er überwiegend mit.

In den folgenden Jahrzehnten wurde aus dem Unternehmen, inzwischen firmierend als Steinway & Sons, der führende Klavierbauer. In allen Konzerthäusern der Welt finden sich die Instrumente. Mit über 135 Patenten gilt Steinway als Begründer des modernen Klavierbaus. Und in der Geburtsstadt des langjährigen Firmenchefs steht heute ein Denkmal in Form eines aufrecht stehenden Flügels. Seine Anfänge im Harz verschweigt das internationale Unternehmen nicht, wie man auf der Internetseite sehen kann.

Rekord mit Eiern

Eine riesige Bratpfanne erwartet Passanten in Bad Lauterberg am Harzradrundweg. Sie kündet, senkrecht aufgestellt, aber schon etwas in die Jahre gekommen, von einem Rekord, der inzwischen längst eingeholt wurde.

Anfang der 1980er-Jahre aber war es die Sensation. Am Wiesenbeker Teich, einem Campingpark mit Baude zur Einkehr, taten sich fünf Köche zusammen. Mit Schneeschiebern verrührten sie 150 Kilogramm Kartoffeln, 6000 Eier, 45 Kilogramm Schinkenspeck, 30 Kilogramm Schmalz, 25 Kilogramm Zwiebeln und zehn Kilogramm Gewürze. Eigens dafür wurde eine 20 Quadratmeter, also zimmergroße Bratpfanne gefertigt, natürlich stilecht mit einem meterlangen Stiel. Der Platz im Guinnessbuch der Rekorde für das größte Omelett war gesichert.

Aber die Welt dreht sich weiter. Heute hält ein türkisches Omelett den Weltrekord. Für das Gericht verarbeiteten Köche im Jahr 2010 ganze 110.000 Eier und 432 Liter Öl. Zehn Meter im Durchmesser maß das Teil.

Mehrfach schon versuchten andere Länder, den Rekord zu knacken. Doch bisher misslang es. Stattdessen schafften es andere Gerichte in XXL-Größe ins Guinnessbuch: die längsten Tacos, die größten Burger und so weiter.

Vielleicht reicht es nicht für die Rekordjagd. Aber man sagt, am Okersee, beim selbsternannten Windbeutelkönig, soll es die größten Windbeutel im Harz geben.

Die XXL-Pfanne in Bad Lauterberg erinnert an einen Weltrekord.

Top 10 – Die größten Talsperren

Zumindest auf der Nordseite des Harzes regnet es in normalen Jahren ausgiebig. Kein Wunder, dass es in dem Gebirge überdurchschnittlich viele Talsperren gibt.

Das aus den Bergen strömende Nass wussten schon die Mönche des Mittelalters für sich zu nutzen. Sie legten Teiche an (heute als Weltkulturerbe geschützt) und betrieben mit Wasserkraft Pumpen und Pochwerke für den Bergbau.

Flächenmäßig ist der Stausee Kelbra der größte im Harz.

Gerade in Zeiten des Klimawandels erlebt die Wasserkraft als regenerative Energieform einen neuen Aufwind. Strom und Trinkwasser, aber auch der Hochwasserschutz stehen dahinter. Schneereiche Winter lassen die Wassermassen aus der Höhe herabstürzen. Da freut sich mancher Fluss, dass eine Talsperre ihn entlastet. Der größte Stausee befindet sich im südlichen Harzvorland, in Kelbra.

Hier die Top 10 der größten Talsperren im Harz:

1. **Stausee Kelbra**	6,00	Quadratkilometer
2. **Rappbode-Talsperre**	3,90	Quadratkilometer
3. **Okertalsperre**	2,25	Quadratkilometer
4. **Granetalsperre**	2,19	Quadratkilometer
5. **Innerstetalsperre**	1,39	Quadratkilometer
6. **Odertalsperre**	1,36	Quadratkilometer
7. **Sösetalsperre**	1,24	Quadratkilometer
8. **Talsperre Wendefurth**	0,78	Quadratkilometer
9. **Eckertal**	0,68	Quadratkilometer
10. **Birnbaumteich**	0,35	Quadratkilometer

Die bunte Stadt

„Bunte Stadt am Harz" – so nennt sich Wernigerode. Wer durch die hübschen Fachwerkgassen wandelt, kann dem offiziellen Slogan durchaus etwas abgewinnen.

Und denkt unwillkürlich an Goethe. „Aus dem hohlen finstern Tor dringt ein buntes Gewimmel hervor." Vielleicht stand der Dichter ja am Westerntor, einem Wahrzeichen der Stadt.

Fest steht, als bunte Stadt wird Wernigerode schon sehr lange tituliert. Der Schriftsteller Hermann Löns soll ihr diesen Beinamen Ende des 19. Jahrhunderts verliehen haben. Eventuell im Anblick des Krummelschen Hauses, einem extrem barock verzierten Haus von 1674. Die Fassade ist komplett geschnitzt. Erbauen ließ es ein Kornhändler namens Henricus Krummel.

Das ganze Gegenteil stellt das kleinste Haus der Stadt dar, in der Kochstraße 43. Die Bauherren quetschten es in eine 2,95 Meter breite Lücke. Und wer hinein möchte, muss sich bücken.

Das farbenfrohe Rathaus von Wernigerode

Die Fassade des Krummelschen Hauses ist komplett geschnitzt.

Die Haustür misst gerade einmal 1,70 Meter. Einst für einen Handwerker errichtet, beherbergt es heute ein kleines Museum.

Löns könnte aber auch das farbenfrohe Rathaus gesehen haben oder gleich nebenan das sogenannte „Schiefe Haus“. Und überhaupt ergibt die abwechslungsreiche Fachwerk-Kulisse als Ganzes eben ein buntes Gewimmel. Goethe lässt grüßen.

Die Altstadt verwandelt sich jedes Jahr im Herbst in ein Schlaraffenland für Genießer. Dann findet Deutschlands größtes Schokoladenfestival statt. Fünf Tage lang. Chocolatiers präsentieren ihre Kreationen, Cafés und Gaststätten laden zu Schoko-Menüs ein.

Dass es ausgerechnet in Wernigerode so etwas gibt, liegt in der Geschichte begründet. Seit 1935 existierte hier die Schokoladenfabrik Argenta. Der historische Industriebau ist heute ein Wohnpark. Doch Argenta produziert noch immer, allerdings in Weißenfels, unter anderem die begehrten Brockensplitter.

Derweil hat sich in Wernigerode die Wergona Schokoladenfabrik angesiedelt. Es geht also weiter.

Der Harz in Brasilien

Im Süden von Brasilien, am Atlantischen Ozean, liegt eine 370.000-Einwohner-Metropole. Gegründet hat sie ein Harzer aus Hasselfelde.

Blumenau, so heißt die Großstadt, die fast so viele Einwohner hat wie der Harz. Im Dezember kann es hier 27 Grad werden. Und Berge gibt es auch nicht. Wie also kam ein Harzer auf die Idee, gerade hier in Brasilien eine Stadt zu gründen?

1819 wurde Hermann Blumenau in Hasselfelde geboren, einem kleinen Städtchen mit heute 2500 Einwohnern. Der Vater verhinderte, dass der begabte Junge studierte. Stattdessen schickte er ihn zur Apotheker-Lehre nach Blankenburg.

In Erfurt traf der Harzer einige Jahre später mit dem Weltreisenden Alexander von Humboldt zusammen. Vielleicht ein einschneidendes Erlebnis. Zwar studierte und promovierte Blumenau später doch noch, aber er hegte damals schon den Wunsch auszuwandern.

1846 gab Blumenau eine schriftliche Abhandlung über „Deutsche Auswanderung und Kolonisation" heraus. Er hatte sehr präzise und soziale Vorstellungen von einer Stadtgründung. Der Plan war gefasst, Kolonisten einen sicheren Weg und Anfang in Brasilien zu bereiten. Doch auch folgender Grundsatz galt: Das neue Gemeinwesen sollte von eigener und nicht von Sklavenhand entstehen.

Und so geschah es. Humboldt selbst soll den Hasselfelder einer Hamburger Auswanderungsgesellschaft empfohlen haben. Für ihn ging es noch 1846 mit dem Schiff nach Südamerika. Im Südstaat Santa Catarina, am Fluss Itajai, fand Blumenau den passenden Ort für seine Kommune. 1850 trafen dort die ersten 17 Auswanderer ein. Zehn Jahre später zählte der Ort knapp 1000 Einwohner. Er galt als vorbildlich geführt.

Das Wappen Blumenaus
mit dem Gründer als Schildhalter

Der Gründer selbst – er gab der Stadt seinen Namen – erlebte noch die Früchte seiner Arbeit. Als er 1884 nach Deutschland zurückkehrte, wohnten 18.000 Menschen in Blumenau. Es ist heute die bekannteste Stadt deutscher Herkunft in Brasilien, berichtet seine Nachfahrin Jutta Blumenau-Niesel. Über hundert Jahre sprach man hier noch Deutsch. Heute ist Portugiesisch die Amtssprache. Aber es soll noch Bewohner geben, die Deutsch reden können.

Inzwischen erinnert ein kleines Museum in Hasselfelde an den berühmten Auswanderer. Eine nach ihm benannte Gesellschaft hält das Erbe wach.

In Blumenau selbst sah man die deutschen Wurzeln spätestens mit dem Zweiten Weltkrieg nicht mehr gern. Doch seit einigen Jahrzehnten entsinnt man sich, vor allem aus touristischen Erwägungen, der Anfänge. So wird hier jedes Jahr ein Oktoberfest mit Hunderttausenden Besuchern gefeiert. Es ist nach dem Karneval in Rio das zweitgrößte Volksfest des Landes.

Äußerlich erinnern zudem Fachwerkfassaden an die deutsche Herkunft. Das 1978 in Blumenau eröffnete Haus Moellmann ist ein vergrößerter Nachbau des 1484 erbauten Rathauses von Michelstadt im Odenwald in Hessen.

Auch das Wappen Blumenaus erinnert an seine Geschichte. Links steht der Gründer als Schildhalter, rechts ein einfacher Siedler. Dazwischen prangen unter anderem der Braunschweiger Löwe, der Preußenadler, der Bayerische Löwe und das sächsische Wappen.

Weit gesprungen

Eine etwa 70 Zentimeter lange und 13 Zentimeter tiefe Kuhle im harten Gestein bei Thale gibt Forschern bis heute Rätsel auf.

Wie immer, wenn es knifflig wird, schießen Legenden und Sagen ins Kraut. Diese besagt, dass es im Harz früher – natürlich – Riesen gab. Zwerge gab's ja auch (Seite 45). Die Riesen-Tochter Brunhilde nun wurde von einem anderen Riesen begehrt, Bodo aus dem Böhmerwald. Der versuchte sie einzufangen, woraufhin Brunhilde mit ihrem Riesen-Ross ausriss und gen Harz eilte.

Wo sich heute der Hexentanzplatz befindet, scheute ihr Pferd an einem 250 Meter hohen Abgrund. Doch Brunhilde gab ihm die Sporen, und so sprang das Tier über die Schlucht des Bodetals und hinterließ beim Aufkommen einen gewaltigen Hufabdruck. Der Verfolger aber fiel, wie könnte es anders sein, herab.

Heute gehört die sogenannte Rosstrappe, umgeben von rauen Felsen, zu den Touristenmagneten schlechthin. Schon 1789 verewigte der Dichter Klopstock sie in einem Gedicht.

Allein diese ominöse, offenbar uralte Tiefstelle im Felsen will manchem keine Ruhe lassen. Die Mulde selbst dürfte natürlich entstanden sein. Aber wie kommen die drei merkwürdigen Punkte hinein? Detlef Schünemann ist so ein Zweifler. Seit den 1980er-Jahren ist er dem Geheimnis auf der Spur. Seine These: Die drei Punkte könnten Löcher sein, die Menschen in den Stein trieben, um dort Pfosten zu befestigen – eventuell um ein kultisches Gefäß anzubringen.

Diese Vermutung steht auf wackligen Füßen. Doch Schünemann fand im Jahr 2000 auf der Anhöhe gegenüber, dem Hexentanzplatz, fünf steinerne Terrassen. Von diesem „Amphitheater" aus könnten die Menschen Vorgänge auf der Rosstrappe beobachtet haben. Nur welche?

Die Rosstrappe erobert man heute am besten zu Fuß, mit Auto, Rad und Sessellift.

Harzkamele und Combinos

Theoretisch, wären die Steigungen in der Nordhäuser Innenstadt nicht so hoch, könnte die Dampflok durch die gesamte Stadt fahren. Denn sie hat einen unschlagbaren Vorteil: dieselbe Spurweite wie die einzige Straßenbahn im Harz.

Also haben die Südharzer den Spieß einfach umgedreht und lassen ihre geliebte „Elektrische" einfach auf dem Netz der Schmalspurbahnen in den Harz fahren. Bis in den Ort Ilfeld verkehrt sie täglich im Linienverkehr.

Nun wollten die Ingenieure freilich keine Hochspannungs-Leitungen über Feld und Wiesen legen. Daher kreierten sie gemeinsam mit Siemens einen Wagen, der sowohl mit Strom von oben als auch mit einem Dieselaggregat unterwegs ist. Zwischen dem prächtigen Bahnhof der Harzer Schmalspurbahnen und der Haltestelle der Straßenbahn entstanden Verbindungsgleise. Und am 1. Mai 2004 war die Liaison perfekt. Drei „Combino Duos" lieferte Siemens für dieses einmalige Experiment, das bis heute funktioniert.

Schon 1988 bekam die Dampflok im Harz erstmals Konkurrenz. Weil die Strecke damals auch stark wirtschaftlich genutzt wurde (etwa zur Abfahrt der gewonnenen Rohstoffe), sollten 30 umweltfreundlichere und kostensparendere Dieselloks im Reichsbahnausbesserungswerk Stendal auf Schmalspur umgebaut werden. Die ersten zwei gingen 1989 in Betrieb. Acht weitere folgten 1990. Der Volksmund nennt sie Harzkamele. Im Einsatz sind sie nur noch selten.

Ab Nordhausen teilen sich Straßenbahn und Dampflok die Gleise.

AHA!

Zehn Wahrheiten über den Brocken

Nichts ist im Harz so oft hinterfragt und doch mit Irrtümern versehen wie die Spitze des Gebirges, der Brocken. Hier die wichtigsten Antworten.

WIE HOCH IST DER BROCKEN WIRKLICH?

Hier könnten wir es uns einfach machen: 1142 Meter! Das zumindest steht auf dem Felsbrocken am Gipfel, einem beliebten Fotomotiv. Auch in alten Karten und Büchern ist dieser Wert vermerkt. Doch es stimmt nicht ganz. Schon vor 170 Jahren maßen Experten 1141,1 Meter. Und daran hat sich bis heute nichts geändert. Die offizielle Höhe lautet 1141,2 Meter – ohne Aufbauten. Woher aber kommt der Meter Unterschied? Nach Angaben des Landesamtes für Vermessung stand hier früher ein ein Meter hoher Pfeiler aus Granit, der mit gemessen wurde. Um den Widerspruch aufzulösen, ist die oben genannte Tafel heute auf einem aufgestellten Felsbrocken in der genauen Höhe von 1142 Metern eingelassen.

WARUM HEISST DER BROCKEN BROCKEN?

Dafür gibt es mehrere Ansätze. Schon in der sächsischen Weltchronik – vermutlich aus dem 13. Jahrhundert – ist der Berg als „Broke“ erwähnt. Weitere Schriftstücke sprechen im 15. Jahrhundert vom Brockenberg, Brogken oder Brackenberg. 1954 lieferte der Historiker Friedrich Dennert die bisher anerkannteste Erklärung: Brocken, so schreibt er, leite sich von „Bruch“ ab. Gemeint sind damit die Moore, die den Berg umgeben. Andere meinen, dass ein Gestein dieser Größenordnung schon damals als großer Brocken angesehen wurde.

WORAUS BESTEHT DER BROCKEN?

Endlich eine klare Antwort: vor allem aus Granit. 2006 wurden die Granit-Steinblöcke des Brockens zusammen mit 76 weiteren geologisch interessanten Gesteinsformationen als sogenannter „Nationaler Geotop“ ausgezeichnet.

WER WAR ZUERST AUF DEM BROCKEN?

Zeugnisse dafür gibt es nicht. Aber es werden wohl schon Menschen in der Steinzeit den Gipfel erklommen haben. Friedrich Dennert weist die erste bekannte Besteigung für 1460 nach. Lange Zeit galt bis dato der Nordhäuser Arzt Johannes Thal als erster Mensch auf dem Brocken. Er beschrieb 1588 in einem Buch erstmals die dortige Flora. Übrigens: Dass Goethe den Brocken angeblich als erster Mensch im Winter bestieg, gehört ins Reich der Legenden.

WIE LANGE WAR DER BROCKEN NICHT ZUGÄNGLICH?

Die deutsche Teilung stellte Norddeutschlands höchste Erhebung ins Abseits. Sie lag mitten im Sperrgebiet der Grenze und war deshalb mit dem Mauerbau im August 1961 für lange Zeit nicht zugänglich für die Bevölkerung. Der Gipfel wurde militärisch stark ausgebaut und mit einer drei Meter hohen Betonmauer umgeben. Nur die Grenzsoldaten hatten Zutritt. Damit war auch die Brockenbahn lahmgelegt. 1987 wurde der Verkehr mit Güterzügen wegen des schlechten Gleiszustandes eingestellt. Oben gab es Abhörstationen. Der Brocken geriet zur Spitzelstation gen Westen. Nach der Grenzöffnung eroberten sich die Harzer ihren Sehnsuchtsberg am 3. Dezember 1989 bei einer Stern-Wanderung mit 6000 Teilnehmern zurück.

WIE HOCH LAG DER HÖCHSTE SCHNEE AUF DEM BROCKEN?

Um sich daran erinnern zu können, braucht man schon ein paar Lebensjahre. Im April 1970 erfasste der Wetterdienst die höchste je gemessene Schneedecke – mit 3,80 Metern. Auch 1953 war die Drei-Meter-Marke geknackt worden. 2006 fehlten dazu nur fünf Zentimeter. Zum Vergleich: 3,35 Meter maß die höchste jemals gemessene Schneedecke auf dem Fichtelberg im Erzgebirge. Auf dem Feldberg im Schwarzwald waren es ebenfalls 1970 3,50 Meter. Nur die Zugspitze schlägt mit 7,80 Metern den Brocken locker.

WAS WÄCHST AUF DEM BROCKEN?

Der Gipfel liegt oberhalb der Baumgrenze. Er zählt zum alpinen Klima. Seine Pflanzen- und Tierwelt ist daher vergleichbar mit denen von Nordskandinavien und den Alpenhochlagen. Naturfreunde finden Zwergstrauchheide, die kleine Alpen-Kuhschelle, auch Brockenblume genannt, Habichtskräuter, Gräser, Frauenmantel, Blutwurz, Moose, Flechten und Beeren vor. In jüngster Zeit starben die den Brocken umgebenden Fichten massenhaft weg – wegen Borkenkäfer und Trockenheit. So leer war der Harz noch nie.

WELCHES WETTER HERRSCHT AUF DEM GIPFEL?

Sie dachten vielleicht, die Nordseeküste sei der nebligste Ort Deutschlands. Aber weit gefehlt. Der Brocken hält – mit 330 Nebeltagen im Jahr 1958 – den Rekord. Er gilt überdies als niederschlagsreichster Punkt im nördlichen Mitteleuropa – mit 1814 Millimetern im Jahresdurchschnitt. Das Thermometer stieg 2019 auf den Rekord von 29,7 Grad Celsius. Die Tiefsttemperatur erreichte der Gipfel 1956 mit minus 28,4 Grad.

WEM GEHÖRT DER BROCKEN?

Eigentlich der Gemeinde Schierke. Seitdem diese 2009 eingemeindet wurde, kann sich die Stadt Wernigerode als Besitzer ausweisen. Knapp liegt der Brocken damit im Land Sachsen-Anhalt. Nur etwa zwei Kilometer westlich des Gipfels verläuft die Grenze zu Niedersachsen.

WER HAT DEN GIPFEL AM HÄUFIGSTEN BESTIEGEN?

Der Mann heißt im Volksmund nur noch Brocken-Benno (mit eigener Internetseite) und ist unangefochten. Weil er beinahe täglich auf den Gipfel pilgert. Benno Schmidt hatte sich vorgenommen, bis zum 88. Geburtstag 8888-mal auf dem Massiv gewesen zu sein. Und er schaffte es. Inzwischen nähert sich der 89-Jährige dem 9000. Aufstieg!

Es almt sehr

Almen gibt es nur in den Alpen. Nein, nach der Wende schossen sie im Harz förmlich aus dem Boden.

Meist sind es gemütliche Gasthäuser im Blockhausstil. Streng genommen geht allerdings nur eine auf die Tradition echter Almen zurück: die Ziegenalm in Sophienhof. Hier wird das Vieh im Frühjahr auf die Weiden getrieben und im Herbst zurück in den Stall. Die Familie Liebig produziert auf der Alm Käselaibe aus Ziegenmilch und verkauft sie als Direktvermarkter. Gaststube und Ferienwohnungen gehören natürlich genauso dazu wie die Schweineställe und ein fahrendes Hühnergatter.

Die Bewirtschaftung lernte Kai Liebig 1989 kennen, als er nach seiner Flucht über Ungarn als Tramper in den Almen Österreichs arbeitete. Zurück im Harz, baute er seine Alm auf, im nördlichsten Dorf Thüringens.

Zwar ohne die ursprünglichen Bestandteile einer Alm, aber mindestens ebenso bekannt ist die Bavaria-Alm – allein schon ihres Standortes wegen: am Torfhaus, also direkt unterhalb des Brockens. Dem steht die Wurmberg-Alm bei Braunlage in nichts nach. Sie wirbt damit, auf dem höchsten Berg Niedersachsens zu stehen, 971 Meter hoch. Aber auch im gesamten Harz liegt keine Alm höher.

Zu den jüngeren Gründungen gehört die Steinbergalm bei Goslar. Aus 500 Quadratmetern Altholz haben die Besitzer sie erbaut und punkten mit einem malerischen

Blick über das Trüllketal. Was kein anderer zu bieten hat: George Clooney persönlich soll hier ein Schnitzel gegessen haben. Bill Murray auch.

Harz und Alpen verbindet namentlich die noch junge Hexenritt-Alm an der Sessellift-Station des Wurmberges. Derweil die Sonneneck-Alm in Hohegeiß mit einem fantastischen Bergpanorama aufwartet. Als käme Heidi gleich um die Ecke.

Kulinarisch harzt es leider wenig in den Almen. Heimisches Wild immerhin steht zuweilen auf der Karte. Und in der Ziegenalm natürlich Käse und Fleisch vom eigenen Vieh.

Viehabtrieb auf der Ziegenalm in Sophienhof

Griechenland, Spanien, Blankenburg

Friederike Luise Thyra Victoria Margarita Sophia Olga Cecilia Isabella Christa Prinzessin von Hannover, Herzogin zu Braunschweig-Lüneburg. Das ist doch mal ein Name. Die ihn tragen durfte, kam in Blankenburg zur Welt. Sie regierte Griechenland 17 Jahre als Königin und starb in Madrid. Was für ein Lebenslauf für eine Harzerin.

In dieser Vita geht es so verrückt weiter. Die Frau, die Friederike am 18. April 1917 im Kleinen Schloss zu Blankenburg gebar, war die Tochter des deutschen Kaisers, Wilhelm II. Ihr Kind wuchs teilweise in dem Harz-Städtchen auf, dessen Schloss so wunderbar über dem Ort thront.

Um ihren künftigen Mann kennenzulernen, musste Friederike allerdings das Gebirge verlassen und nach Florenz gehen. Paul hieß er, Prinz von Griechenland. Dessen Mutter wiederum war die Schwester Wilhelms II. Die Verbindung blieb also gewissermaßen in der Familie. Paul war Friederikes Onkel zweiten Grades. Sie blicken noch durch?

Er wurde schließlich König und sie seine Königin. Der Ortswechsel hatte sich für Friederike gelohnt. Denn in Deutschland schaffte das Volk Monarchen nur ein Jahr nach ihrer Geburt ab. Bis dahin nutzten Kronprinzessin Viktoria Luise und ihr Gatte das Schloss Blankenburg noch als Zweitwohnsitz. Als sie es 1924 zurückerhielten, bewohnten sie es weiter und erlebten hier das Ende des Zweiten Weltkrieges. Die Briten organisierten 1945 ihre Flucht vor den Sowjets, ja sogar den Umzug auf das Schloss Marienburg bei Hannover.

Friederike blieb an der Macht. Da aber auch die Griechen 1967 keine Majestäten mehr wollten, ging die Blankenburgerin ins Exil nach Spanien. Doch ihre Tochter erwies sich als ähnlich geschickt in der Wahl des Bräutigams. Sie nahm sich König Juan Carlos zum Manne.

Das Quiz für Harz-Experten

1. Warum heißt der Harz Harz?

a) Wegen des Harzes der Bäume
b) Wegen des rauen Klimas
c) Wegen der rauen Berge
d) Benannt nach dem Insektenkundler Kurt Harz

2. Was ist ein Uvala?

a) Ein Bergbewohner
b) Eine Vogelart
c) Ein Erdfallgebiet
d) Ein Sonnenkreis

3. Wie wird die Harzquerbahn noch genannt?

a) Dampfross
b) Quirl
c) Kohlenliese
d) Schnaufi

4 Welchem großen Künstler hat Quedlinburg ein Museum gewidmet?

a) Max Liebermann
b) Caspar David Friedrich
c) Lyonel Feininger
d) Lucas Cranach

5. Was ist ein Ferkeltaxi?

a) Bähnchen in Wernigerode
b) Triebwagen der Harzer Schmalspurbahnen
c) Viehtransport
d) Schubkarren

6. Welche Bundesländer haben ein Stück vom Harz?

a) Sachsen-Anhalt
b) Hessen
c) Thüringen
d) Niedersachsen

7. Wann wurde der heutige Nationalpark Harz gegründet?

a) 2006
b) 1990
c) 1961
d) 1949

8. Wie nennt man den ehemaligen Grenzstreifen durch den Harz?

a) Bio-Streifen
b) Natur-Schnur
c) Streifen der Teilung
d) Grünes Band

9. Wie viele Hochschulen gibt es im Harz?

a) 2
b) 5
c) 3
d) 0

10. Die Gebeine welcher Königin liegen in der Quedlinburger Stiftskirche?

a) Alexa
b) Mathilde
c) Uta
d) Marie

11. Welches Lied schrieb die Nordhäuserin Erika Schirmer?

a) Kleine weiße Friedenstaube
b) Köhlerliesel
c) Geh mal Bier hol'n
d) Hohe Tannen

12. Wie oft reiste Johann Wolfgang von Goethe durch den Harz?

a) 1-mal
b) 2-mal
c) 4-mal
d) 10-mal

13. Wann feiern die Hexen im Harz ihr Fest?

a) 21. Juni
b) 30. April
c) 9. November
d) 31. März

14. Wie wird der Brocken noch genannt?

a) Kahler Berg
b) Schneespitz
c) Blocksberg
d) Heiliger Gipfel

15. Wo brüllen im Harz die Dinos?

a) Bad Sachsa
b) St. Andreasberg
c) Harzgerode
d) Dankerode

Quiz-Lösungen

1. **c** – Wegen der rauen Berge (Harz=hart)
2. **c** – Ein Erdfallgebiet
3. **b** – Quirl
4. **c** – Lyonel Feininger
5. **b** – Triebwagen der Harzer Schmalspurbahn
6. **a, c & d** – Sachsen-Anhalt, Thüringen & Niedersachsen
7. **a** – 2006; ab 1990 gab es schon einen Nationalpark Hochharz
8. **d** – Grünes Band
9. **c** – 3, in Clausthal-Zellerfeld, Nordhausen & Wernigerode
10. **b** – Mathilde
11. **a** – Kleine weiße Friedenstaube
12. **c** – 4-mal
13. **b** – 30. April (Walpurgisnacht)
14. **c** – Blocksberg
15. **a** – Bad Sachsa, am Kurpark

Weltruf mit Samen

Quedlinburger. Seit 1784. So steht es auf jeder kleinen Tüte. Dazu die angedeuteten Türme der Stiftskirche. Man bekommt sie in jedem Bau- und Gartenmarkt.

Sie sind noch zu sehen in Quedlinburg, die Felder, auf denen Blumen- und Gemüsesamen ihre Pracht entfalten. Von der einstigen Größe als Weltstadt der Saatzucht kann man heute nicht mehr sprechen. Die grünen Samentütchen aber halten das Erbe wach.

Wie wichtig dieser Zweig hier einmal war, erkennt man daran, dass die Bundesrepublik am Ort ihr Bundesforschungsinstitut für Kulturpflanzen unterhält. Dessen Aufgabe besteht in der grundlagen- und anwendungsorientierten Kulturpflanzenforschung. Dazu gehören am Standort Quedlinburg 35 Hektar Versuchsfelder sowie ein hochmoderner Komplex von Versuchsgewächshäusern.

Im nahen Gatersleben sitzt überdies das Leibniz-Institut für Pflanzengenetik. Die Stiftung des öffentlichen Rechts betreibt Grundlagenforschung in der Pflanzengenetik und Kulturpflanzenforschung. Eine Unterabteilung bildet die Genbank für landwirtschaftliche und gartenbauliche Kulturpflanzen und mit ihnen verwandte Wildpflanzen.

Einst sei Quedlinburg das größte Saatzucht- und Saatvermehrungsgebiet Europas gewesen, schreibt Pflanzenforscherin Susanne Goroll in einem Aufsatz. Es gelte als Wiege der deutschen Pflanzenzüchtung. Schon seit Gründung des Quedlinburger Domstiftes vor rund 1000 Jahren hätten Klosterbrüder und -schwestern in den ausgedehnten stiftseigenen Gärten Blumen und Gemüse angebaut.

Tatsächlich nahm genau hier einer der wichtigsten Saatzucht-Betriebe seinen Anfang. 1784 – das Jahr auf der Samentüte – pachtete ein gewisser Heinrich Mette den etwa 20 Hektar großen Dechaneigarten des Quedlinburger Stifts. Neben ihm waren es die Brüder Dippe, die ab 1850 das Geschäft zum wichtigsten der Stadt machten. Beide Unternehmen fusionierten später zur Deutschen Saatgutgesellschaft.

Die berühmte Quedlinburger Samentüte

Von den Gebrüdern Dippe stehen heute noch die Fabrikantenvilla und ein Denkmal. Mettes Speichergebäude überlebte als Teil eines Einkaufszentrums, das sich „Mettehof" nennt.

Ebenfalls von internationalem Rang war der Samenzüchter David Sachs. Und im Quedlinburger Severinweg befinden sich noch immer die Gebäude der Firma Carl Becks aus dem Anfang des 20. Jahrhunderts.

Als älteste Firma gilt laut Goroll die von Martin Grashoff, erstmals 1771 erwähnt. Es gab sie bis in DDR-Tage. Extrem langlebig erwies sich auch das Unternehmen P. J. Schmidt Samenbau. Es wurde 1926 gegründet, überlebte den Sozialismus als Betrieb in privater Rechtsform und musste erst 2013 seine Unabhängigkeit aufgeben, schreibt die Autorin.

Dass die Saatzucht sich ausgerechnet in Quedlinburg so gut entwickelte, ist dem Harz zu verdanken. Am Brocken bleiben die Wolken hängen. Die Stadt liegt im Regen- und Windschatten des Harzes. Mehr Sonnenschein und trockene Spätsommer. Das mögen Pflanzensamen.

Quedlinburger, das steht zwar heute auf den bekannten Tütchen. Doch es handelt sich vornehmlich um eine Vertriebsgesellschaft, die Samen anderer Produzenten aus dem Umland vermarktet. Das Unternehmen ist jedoch weiter eingetragener Erhaltungszüchter von 67 Sorten. Dazu gehören Tomatenarten wie Harzfeuer und Harzglut als Reminiszenz an die Herkunft.

Der 1996 gegründete Betrieb Satimex sowie zwei weitere kleine Betriebe sind somit die letzten in der Stadt, die originär Saatgut herstellen und an Fachfirmen auf der ganzen Welt liefern.

Nackte Tatsachen

Deutschlands ältester Nacktwanderweg befindet sich zwischen Dankerode und Wippra im Ostharz. Bis aus der Schweiz kommen Naturisten hierher.

Die Eingebung kam Heinz Ludwig beim Radiohören. Wäre doch cool, wenn es im Harz einen Wanderweg für Nackte gäbe, hieß es da. Für den Mann, der immer neue Ideen ausbrütet, ein guter Anstoß. Hatte er doch da schon seinen Komfort-Campingplatz – mit Dusche und WC für jeden einzelnen Stellplatz.

Also etablierte er in Absprache mit der Gemeinde Wippra den Naturistenstieg durch das wildromantische Wippertal. An der dort befindlichen Talsperre war schon zu DDR-Zeiten FFK angesagt. Er knüpfte quasi an eine Tradition an.

Über den Gedanken, die Natur auf diese Weise auszuleben, berichteten alle Gazetten, ja sogar die Fernsehsendung „Außenseiter, Spitzenreiter“. Womit Ludwig allerdings nicht rechnete: Die Nackedeis sorgten auch für empörte Gäste. Manche drohten gar, seinen Platz zu meiden. Derweil einige Naturisten meinten, nun auch am Wohnmobil die Hosen runterlassen zu können.

Also stieg der Campingplatz-Inhaber aus. Doch der Gemeinde Wippra war die Idee inzwischen so ans Herz gewachsen, dass der Weg einfach etwas verlegt wurde. Er führt nun über rund 13 Kilometer rund um die Talsperre, recht unberührt von der Außenwelt.

Natürlich dürfen hier auch Bekleidete wandern. Schilder allerdings warnen: „Willst du keine Nackten sehen, so darfst du hier nicht weitergehen.“ Niemand kann sich also beschweren. Für die Naturisten werden, soweit möglich, Dornen und Brennnesseln entfernt. Schließlich sollen sie wohlbehalten in ihre Quartiere zurückkehren.

Den Weg gibt es inzwischen über zehn Jahre. Er wird gut angenommen. Und niemand empört sich mehr. Die Wurzeln der Naturistenbewegung im Harz liegen allerdings schon im 19. Jahr-

Dieses „Warnschild" befindet sich am Nacktwanderweg.

hundert. Ein gewisser Hermann Kronberg betrieb ab 1887 in Neustadt ein Sanatorium, führte die Gemeinde zu ihrem Titel als Luftkurort, den sie bis heute verteidigt.

Dieser Herr etablierte damals auch die Möglichkeit, sich nackt an freier Luft zu ertüchtigen. Dafür erbaute er einen Park mit zehn sogenannten Lufthütten. Das waren kleine Holzhäuschen, die einen Mindeststandard boten. Der Bereich für Männer nannte sich „Walhalla", für Damen „Dornröschen".

Rund um diese Hütten konnten die Kurgäste, die durchaus finanzstark waren und bis aus Berlin anreisten, der Natur frönen, sich sportlich bewegen – die olympischen Sportarten erlebten gerade eine Renaissance – und auch nackt herumlaufen. Klar, dass das damals noch mehr als heute als unschicklich galt. Erst der Bau eines hohen Bretterzauns ließ die Gemüter abkühlen. Der bekannteste Kurgast war der Heimatdichter Hermann Löns.

Kronberg und seine Frau boten überdies eine gesundheitsgemäße Ernährung, die sogenannte Reformküche. Sie gründeten auch in Berlin ein vegetarisches Speisehaus und darauf sogar eine Diätküche im alten Reichstagsgebäude. Große Namen schätzten sie, weil sie ihre Leiden mit diesen Kuren gelindert hatten.

Forelle unter Füßen

Der Reichsadler in einem Medaillon und darum der Schriftzug „Stadt Goslar". Wer aufmerksam durch die alte Kaiserstadt geht, sieht dieses Bild auf zahlreichen Kanaldeckeln – quasi als gusseiserne Visitenkarten. Sie wiegen rund 60 Kilogramm, zum Glück zu viel, um als touristisches Mitbringsel betrachtet zu werden. Einzig von Randalierern ist zuweilen die Rede. Doch denen geht es vermutlich weniger um die schönen Gullyabdeckungen.

Wie Goslar sein Wappen im Fußboden verewigt, so tut das auch Wernigerode. Die Burg und eine Forelle – sie ist eigentlich rot, aber hier natürlich bräunlich – werden gezeigt. Ob das Wappentier wirklich eine Forelle ist, darüber herrscht übrigens bis heute Ungewissheit. Fest steht, dass der Fisch schon ziemlich lange im Wappen steht.

Wer noch mehr spezielle Gullydeckel aus ganz Deutschland und Europa sehen möchte, dem sei die Seite www.kanaldeckel-prb.de im Internet empfohlen. Petra Radlmeier sammelt sie leidenschaftlich und hat auch die Harz-Exemplare entdeckt.

Gully mit der Wernigeröder Forelle

Im wilden, wilden Harz

Irgendwie kommt im Harz manchmal so eine melancholische Stimmung auf. Die weiten Ebenen um Benneckenstein oder Hasselfelde verwandeln sich dann in die Prärie. Fehlt nur noch die Mundharmonika. In dem Film „Die Könige der Nutzholzgewinnung“ nahm Matthias Keilich dieses Gefühl 2006 wunderbar aufs Korn.

Auch die Gründer der Westernstadt „Pullman City“ müssen so empfunden haben. Bei Hasselfelde errichteten sie im Jahr 2000 auf 200.000 Quadratmetern ein Areal für Indianer, Cowboys, Trapper und Fallensteller, vor allem aber auch für Fans des Westernreitens.

Im Big-Moose-Saloon (in dem es gewaltfrei zugeht) spielt Countrymusic, manche Wochenenden sind dem Line Dance vorbehalten. Auf der Main Street werden Shows geboten.

Erst 2020 investierten die Macher 1,7 Millionen Euro in ein neues Fort. Es ist einem Original am Arkansas-River in Colorado nachempfunden. Obendrauf weht die amerikanische Flagge.

Tipis laden zum Zelten ein, die Postkutsche fährt vor. Und im Fort läuft eine Pferdeshow. Kurzum, es ist die ideale Illusion. Doch es gibt hier wirklich einen echten Nachfahren der amerikanischen Ureinwohner. Der Sänger Wayne White Wing stammt vom Stamm der Lakota ab und hält deren Tradition im Harz wach.

Die Hölle unterm Harz

Das dunkelste Kapitel des Harzes: Im Zweiten Weltkrieg entstand in den Stollen des Kohnsteins die Rakete, mit der Hitler seinen Krieg gewinnen wollte. Auf Kosten Zehntausender Menschen.

Der gipserne Berg bei Nordhausen war schon unterhöhlt. Die BASF ließ hier ab 1917 Gesteine abbauen und grub sich weit hinein. Das machten sich 1943 die Nationalsozialisten zunutze. Ihre Raketenproduktion in Peenemünde war aufgeflogen. Also zogen sie damit ins Landesinnere. Die unterirdischen Gänge des Südharzes boten Schutz vor Entdeckung.

Am Fuße der Stollenanlage errichteten Gefangene ein riesiges Konzentrationslager: Mittelbau-Dora. Unter unwürdigsten Bedingungen arbeiteten und schliefen sie Tag und Nacht im Kohnstein. Erst später entstanden Baracken, entstand ein ganzes Lager.

Mehr als 60.000 Menschen pferchten die Nazis hier hinein. Ein Viertel überlebte die Hölle nicht. All dies für 6000 V1- und V2-Waffen. Später sollte die nächstgelegene Stadt Nordhausen das teuer bezahlen. Wenige Tage vor Kriegsende zerstörten amerikanisch-britische Bomber das tausendjährige Gemeinwesen. Noch einmal starben 8800 Menschen. Die Stadt, zu 80 Prozent zerstört.

Ganz offiziell lobte Rüstungsminister Albert Speer, wie schnell in Dora eine Fabrik unter Tage hochgezogen wurde. Hinzu kamen viele Außenlager, die sich in den Harz hineinzogen. 40 waren es am Ende, verteilt über das gesamte Gebirge. Unter anderem mussten Häftlinge hier für die Junkers-Flugzeugwerke arbeiten.

Eine ganz eigene Stellung in diesem Kapitel kommt der Kleinstadt Bleicherode, ebenfalls im Südharz gelegen, zu. Hier hielten sich in kürzester Zeit die wichtigsten Raketenforscher der Welt auf.

Am bekanntesten ist die Gruppe um Wernher von Braun, der hier Raketentechnologie betrieb. Sein Bruder war sogar direkt im KZ Mittelbau-Dora eingesetzt, entwickelte dort die Technik weiter. Brauns im Harz begonnene Forschung setzte er später in den USA fort und ebnete so den Weg zum Mond.

Derweil holten die Sowjets nach der Befreiung des Lagers alle verbliebene Technik aus dem Kohnstein. 1945 noch kam der spätere Vater der sowjetischen Raketentechnik, Sergej Pawlowitsch Koroljow, hierher und bündelte die Forschung im sogenannten Raketeninstitut Nordhausen. Was noch in der Hölle von Dora lag, gelangte als Versuchsmuster in die Sowjetunion.

Die tragische wie spannende Geschichte arbeitet die Gedenkstätte Mittelbau-Dora heute in modernster Form auf. Mit einem Dokumentationszentrum, das wie ein Fremdkörper in der lieblich welligen Landschaft steht. Die Stollen wurden nach der Wende wieder zugänglich gemacht und sind heute Teil der Führungen.

Wer mit offenen Augen durch das Gebirge fährt, wird an den Straßen immer wieder Gedenkstätten aus rotem Backstein erblicken. Sie zeigen die Route der sogenannten Todesmärsche. Die Alliierten rückten immer näher. Die Nazis schickten die Häftlinge nun von einem Ort zum anderen. Überhastet versuchten sie, ihr Lager aufzulösen.

„Der letzte Bahntransport des Lagers Dora mit rund 4000 Häftlingen endete in Osterode, da die Bahnanlagen unpassierbar waren", heißt es in einem Bericht der heutigen Gedenkstätte Mittelbau-Dora. „Die SS trieb die Gefangenen auf einen etwa 35 Kilometer langen Fußmarsch nach Oker, wo sie erneut in einen Zug verladen wurden. Die mörderische Fahrt fand im Jugendschutzlager Uckermark des KZ Ravensbrück ein vorläufiges Ende. Weitere 2000 Häftlinge des Außenlagers Harzungen mussten auf einem mehrtägigen Todesmarsch den Harz überqueren. Nach und nach wurden die Überlebenden nach ziellosem Hin und Her im nördlichen Harzvorland befreit. Während der Fußmärsche hatten die Häftlinge ständig willkürliche Gewaltexzesse zu befürchten. Vielfach ermordete das Wachpersonal Gefangene, die völlig erschöpft am Wegesrand zusammengebrochen waren oder einen Fluchtversuch gewagt hatten."

Harzer Promis

Julius Albert (1787–1846), gilt als Erfinder des Drahtseils. Der Mann leitete das Berg-, Hütten- und Forstwesen im Harz. Er erfand diverse technische Neuerungen für den Bergbau. Mit seinem Seil aus geflochtenem Eisendraht revolutionierte er die Fördertechnik weltweit.

Marco Bode (geb. 1969), gewann zahlreiche Trophäen. Der in Osterode/Harz geborene Fußballer hat bei Werder Bremen und mit der Nationalmannschaft alles erreicht. Er wurde deutscher Meister, Pokalsieger, Europa- und Vizeweltmeister. Heute ist er Aufsichtsratsvorsitzender des SV Werder Bremen.

Susi Erdmann (geb. 1968), war ein Star im Wintersport. Die gebürtige Blankenburgerin errang zunächst im Rennrodeln, dann im Bobsport insgesamt drei Olympia-Medaillen und elf Weltmeistertitel.

Sigmar Gabriel (geb. 1959), bringt Goslar ins Fernsehen. Legendär die Schalten von Tagesschau und Heute Journal ins beschauliche Harz-Städtchen. Dort wohnt noch immer der ranghöchste Harzer der deutschen Politik. Gabriel war Vizekanzler, Außenminister und SPD-Chef.

Herbert Grönemeyer (geb. 1956), ist ein Urgestein der Popmusik. Sein erstes Lebensjahr verbrachte er mit seinen Eltern Hella Carin und Wilhelm in Clausthal-Zellerfeld, wenngleich er in einem Göttinger Krankenhaus zur Welt kam. Danach zog die Familie nach Bochum, wo man ihn natürlich zuallererst verortet.

Heinz Hoenig (geb. 1951), ist einer der populärsten Schauspieler Deutschlands. Als Sohn eines Kranführers wuchs er in Harlingerode, einem Stadtteil von Bad Harzburg, auf, wo er zunächst eine Schlosserlehre absolvierte. Von Berlin aus eroberte er später die Leinwand.

Rolf Hoppe (1930–2018), war der König in „Drei Haselnüsse für Aschenbrödel“. Das ist natürlich viel zu kurz gegriffen. Der unvergleichliche Charakterdarsteller – legendär als Mephisto – stammt aus Ellrich im Südharz. Bereits dort machte er seine ersten Schritte als Schauspieler in einem Laientheater.

Tatjana Hüfner (geb. 1983), ist Olympiasiegerin im Rennrodeln. Drei Olympia-Medaillen, davon eine goldene, waren nur der Eisberg ihrer Karriere. Als erster Frau gelangen ihr fünf Weltcupgesamtsiege in Folge. 1988 zog sie in den Harz. In Blankenburg startete ihre Karriere.

Friedrich Gottlieb Klopstock (1724–1803), war ein bedeutender Dichter. Der in Quedlinburg geborene Junge wuchs hier und im Ostharz (Mansfeld) auf und wurde alsbald ein wichtiger Vertreter der Epoche der Empfindsamkeit. Er lebte später zeitweise wieder in Quedlinburg und Halberstadt.

Dr. Heinrich Hermann Robert Koch (1843–1910), bekam den Nobelpreis für Medizin. Kaum ein anderer Harzer war in jüngster Zeit so in aller Munde wie er. Koch kam in Clausthal als Sohn eines Bergmanns zur Welt, entdeckte später die Erreger des Milzbrandes und der Tuberkulose. Er gilt als Begründer der modernen Bakterio-

logie und Mikrobiologie. Das Robert-Koch-Institut trägt seinen Namen fort. Bis zum Studium lebte Koch in Clausthal.

Lothar de Maizière (geb. 1940), war letzter Ministerpräsident der DDR. Er wurde in Nordhausen geboren, zog später aber mit seiner Familie nach Berlin. De Maizière war zugleich erster demokratisch gewählter Ministerpräsident der DDR.

Arnd Peiffer (geb. 1987), holte drei Olympische Medaillen. Der Clausthal-Zellerfelder schaffte es 2018 als Biathlet bei Olympia bis ganz oben aufs Treppchen. Er ist unter anderem mehrmaliger Weltmeister. Peiffer startete, obgleich er inzwischen in Bayern lebt, für den WSV Clausthal-Zellerfeld und ist Ehrenbürger der Stadt. 2021 beendete er seine Karriere.

Sabine Töpperwien (geb. 1960) & **Rolf Töpperwien** (geb. 1950), sind Sportmoderatoren mit Leidenschaft. Sie ist die erste Frau, die in Deutschland live ein Fußballspiel moderiert hat. Er war über Jahrzehnte Top-Kommentator beim ZDF. Die Geschwister wuchsen in Osterode am Harz auf.

Und: **Norbert Hahn** (zweifacher Olympiasieger im Rennrodeln), geboren in Elbingerode; **Veronika Hesse** (Olympiasiegerin im Skilanglauf), geboren in Harzgerode; **Peter Imhof** (bekannter Fernsehmoderator), aufgewachsen in Osterode; **Paul Lincke** (Komponist von „Das ist die Berliner Luft“), wohnte in Hahnenklee; **Nils Petersen** (Fußball-Bundesligist in München, Bremen und Freiburg), geboren in Wernigerode; **Erika Schirmer** (Komponistin und Texterin des Liedes „Kleine Weiße Friedenstaube“), lebt in Nordhausen

Und viele, viele weitere!

Ziemlich alte Jugendweihe

Die Jugendweihe gilt vielen als Erfindung der DDR. Doch sie ist bedeutend älter. Und wurde im Harz erstmals gefeiert.

Die Keimzelle für die Feier, bei der junge Menschen in weltlicher Weise in den Stand des Erwachsenseins gehoben werden, lag in der Aufklärung. Die Trennung von Staat und Kirche fand viele Anhänger, ebenso die von Amtskirche und privater Religionsausübung.

So bildeten sich Freimaurerlogen, freisinnige Parteien und freireligiöse Kirchen. Das war auch in Nordhausen am Harz so. Dort wirkte der überaus progressive Prediger Eduard Baltzer (Seite 62). Er begründete die Freie Gemeinde in der Stadt und führte am 20. Mai 1852 – möglich geworden durch die Revolution 1848/49 – die erste Jugendweihe durch. Der Demokrat gab der Feier ihren Namen und schuf erstmals ein Angebot jenseits der bisherigen. Wer wollte, musste nicht mehr zwangsläufig zur Konfirmation gehen.

Ende des 19. Jahrhunderts erlebte die Jugendweihe einen Aufschwung, weil sich die Arbeiterschaft emanzipierte. Das betraf freilich vor allem die größeren Städte. Diese Ideale nahmen erst die linken Parteien, später die DDR-Führung auf. Hier erhob man die Jugendweihe quasi zur Pflichtveranstaltung für alle Achtklässler.

Bis zum Schluss war es auch möglich, sich konfirmieren zu lassen. Gesehen wurde es aber nicht gern. Um sich den beruflichen Weg nicht zu verbauen, nahmen religiöse Haushalte ab den 1950er–Jahren zunehmend in Kauf, dass ihre Sprösslinge sowohl zur Jugendweihe als auch zur Konfirmation gingen.

Wer glaubte, mit der DDR werde die Jugendweihe untergehen, irrte. Angesichts einer zunehmend konfessionslosen Gesellschaft erlebt das im Harz geborene Ritual wieder einen Aufschwung. Mit Kursen und Fahrten werden die Teilnehmer auf einen neuen Lebensabschnitt vorbereitet. Aber nicht mehr vom Staat. Vereine organisieren das heute. Ihr Ziel: Heranwachsenden humanistische Werte zu vermitteln.

Mansfeld pflastert Europa ...

... lautete 2015 eine Ausstellung im Mansfeld-Museum Hettstedt. Und so ist es. In vielen europäischen Städten liegen die Pflastersteine aus dem südöstlichen Vorland des Harzes.

Mansfeld ist seit Jahrhunderten ein Bergbaugebiet. Schon der Vater des Reformators Martin Luther hatte an dem Geschäft seine Anteile. Martin wuchs in Mansfeld auf. In dessen Umfeld wurde bis in die 1980er-Jahre Kupferschiefer abgebaut. Daraus wiederum gewannen die Kumpel das wertvolle Buntmetall. In großen Schmelzöfen passierte das.

Von den übrigen, den sogenannten Nebenprodukten, sieht man an der A 38 – der Südharz-Autobahn – noch große graue Halden. Mancher nennt sie die Pyramiden des Mansfelder Landes. Die höchste misst 154 Meter.

Doch es gelang auch, Nebenprodukte zu Pflastersteinen oder Schotter zu verarbeiten. So begann Mitte des 19. Jahrhunderts der Siegeszug dieses Exportguts. Wir erinnern uns: Zu jener Zeit waren die Straßen oft noch schlammig.

Doch nach und nach verbreiteten sich die schön gepflasterten Chausseen. Die Schlackewürfel gab es bald in verschiedenen Größen, wobei bis zum Schluss der 16-Zentimeter-Quader das Standardmaß blieb. Man schätzte ihn als preiswerte, aber nahezu unzerstörbare Alternative zu Natursteinen.

In der etwa hundertjährigen Produktionszeit bis 1976 wurden rund 1,4 Milliarden Schlackesteine produziert, schreibt J. Spitzner in einer Abhandlung. Noch zwischen 1979 und 1989 habe man in der Gegend 15 Millionen Kupferschlackesteine produziert, zudem wurden drei Millionen Tonnen gebrochener Schlacke im Straßenbau verwendet. Auch zum Deichbau verwendeten die Niederländer das „Abfallprodukt". In Mitteldeutschland

sind die großen schwarz-grau glänzenden Schlackewürfel bis heute in Garageneinfahrten und Nebenstraßen zu finden.

Nach der Wende zogen Umweltbehörden den Baustoff allerdings aus dem Verkehr, weil er – freilich in Minidosen – radioaktive Strahlung aussendet. Während man ihn zum Hausbau nicht mehr empfahl, mussten Straßen nicht extra aufgerissen werden.

Wer rund um Sangerhausen unterwegs ist, etwa bei Helbra, sieht noch, teils direkt an der Straße, triste Schlackehalden. Im Unterschied zu den braunen Hügeln der Kalisalzgewinnung im Südharz, werden diese für Jahrzehnte und Jahrhunderte nackt bleiben.

Kaum zu glauben, aber für Umweltschützer birgt das auch Chancen. Die Schlacken nämlich weisen noch nennenswerte Schwermetallgehalte auf. Nur eine hoch spezialisierte Flora aus schwermetalltoleranten Arten kann sich deshalb ansiedeln. Diese erobert den eigentlich lebensfeindlichen Raum in einer bestimmten Abfolge. Flechten und Moose, später Rasen, Zwergsträucher und Heidekräuter gehören dazu.

In der sogenannten Mansfelder Mulde entstanden sage und schreibe mit der Zeit über 1000 und im angrenzenden Sangerhäuser Revier 270 Schächte.

Der Röhrigschacht Wettelrode hält die Erinnerung daran wach und erklärt auch nachfolgenden Generationen, weshalb im Ostharz so merkwürdige Pyramiden stehen. Das Fördergerüst ist nach eigenen Angaben eines der ältesten in Europa. Es stammt von 1888.

Gleiches gilt für den Schmidschacht Helbra.

Das Buntmetall Kupfer wird heute mehr denn je gebraucht und abgebaut, in gigantischen Minen. Die größten stehen in Chile, den USA und Indonesien.

Die Schlackehalde bei Sangerhausen kann bestiegen werden.

Konkurrenz zum Schwarzwald

Dumm gelaufen, kann man da nur sagen. Oder: Wie ein Weltrekordversuch in Gernrode wegen falscher Fakten scheiterte.

14 Meter sollte die größte Kuckucksuhr der Welt messen. So stand es zumindest in Triberg im Schwarzwald angeschlagen. Also machte sich die Harzer Uhrenfabrik in Gernrode ans Werk und daran, diesen Rekord zu brechen.

In die Nordfassade des alten Stammsitzes in der Lindenstraße 5 integrierten sie eine Uhr – 14,50 Meter hoch, sieben Meter breit. Mit einem Ziffernblatt, 2,20 Meter im Durchmesser. Alle Viertelstunde kommt ein ziemlich dicker Vogel heraus. Der Rekord war also sicher.

Als das die Triberger hörten, nahmen sie den Zollstock und

Die fast weltgrößte Kuckucksuhr in Gernrode

maßen doch noch einmal nach. Und siehe da, ihre Uhr ist einiges größer, als sie bisher angenommen hatten. Nämlich 15,30 Meter. Damit stach man die Harzer aus. In Gernrode wirbt man seither mit der weltgrößten Kuckucksuhr außerhalb des Schwarzwaldes. Der Piepmatz übrigens erhielt später den Namen Harzmichel.

Hinter der witzigen Geschichte steht tatsächlich eine jahrzehntelange Tradition. Schon seit 1948 werden in dem kleinen Ort mechanische Uhren fabriziert, selbst für Disney und Steiff.

Deshalb hat sich in Gernrode der Verein Harzer Uhrenmuseum etabliert. Der dann doch noch einen Eintrag ins Guinnessbuch bekam: mit dem größten Wetterhaus der Welt. 5,20 Meter breit und 9,80 Meter lang ist es. Und funktioniert wie die kleinen Originale. Je nach Wetterlage treten ein Herr mit Regenschirm oder eine leicht bekleidete Dame aus den Nischen. Die Holzfiguren allein messen jeweils einen Meter. Zwischen sie hat es auch noch ein Kuckuck geschafft. Das 1998 erbaute Haus – ein Jahr nach dem gescheiterten Uhren-Rekord – verfügt natürlich über Thermometer und Barometer.

Europas größte Gipshöhle

Mit den Superlativen ist es so eine Sache. Ist die Heimkehle wirklich Europas größte Gipshöhle? Beeindruckend ist sie allemal.

22 Meter in die Höhe streckt sich der Große Dom unter dem Gipskarstgebirge bei Stolberg. Über Jahrtausende haben die Flüsse Thyra, Krebsbach und Krummschlacht diesen Hohlraum unter Tage geschaffen. Haben den Gipskarst ausgespült und ein einmaliges Naturschauspiel kreiert.

Der Dom ist Teil der Heimkehle, wie sich diese Schauhöhle nennt. Ihr Name soll von der Bezeichnung „geheimer Keller" stammen. Seit 1920 können Touristen sie erkunden. Sie reden dann gern von Europas größter Gipshöhle. Doch wie berechnet man überhaupt die Größe eines solches Konstruktes? Richtet man sich nämlich nach der Grundfläche, ist die Heimkehle mit ihren 14.400 Quadratmetern keinesfalls die größte Gipshöhle. Nicht einmal im Harz. Davor rangieren beispielsweise die Numburghöhle und die Wimmelburger Schlotten.

Anders sieht es schon aus, wenn man die Gesamtlänge der Gänge betrachtet. Hier schneidet die Heimkehle mit 1780 Metern besser ab. Zum Vergleich: Die Barbarossahöhle im Kyffhäuser-Gebirge weist eine Gesamtganglänge von 670 Metern auf. Bleibt noch die Frage: Welche dieser Attraktionen können überhaupt angeschaut werden? Es ist die Entscheidende. Hier nämlich geht die Heimkehle als Sieger hervor.

Wer die Unterwelt erkunden möchte, sollte sich entsprechend kleiden. Sommers wie winters herrschen hier acht Grad Celsius. Der 600 Meter lange Besichtigungsweg führt vom Kleinen Dom über den Riegelgang zum Großen Dom – vorbei an glasklaren Seen, die einem tiefe Tiefen vorgaukeln. Von dort geht's durch den Riesentunnel in die Thyrahalle mit dem Thyrasee und wieder zurück.

Über der Höhle verläuft übrigens die Landesgrenze von Sachsen-Anhalt und Thüringen. Seit 2019 ist die Heimkehle nationales Geotop. Acht Fledermausarten sollen hier ihren Winter verbringen.

Der Harz. Eine Zeitreise

Vor 300 Millionen Jahren	Das Gebirge bildet sich im Zuge weitreichender geologischer Prozesse in Europa.
Vor 350.000 bis 700.000 Jahren	Das Gebirge bildet sich im Zuge weitreichender geologischer Prozesse in Europa.
Vor 250.000 Jahren	Der Neandertaler ist im Harz unterwegs, ebenso Tierarten wie Mammuts, Höhlenbären, Nashörner und Rentiere. Das belegen Funde in der Einhornhöhle bei Herzberg.

Vor 40.000 Jahren	Der Homo sapiens durchstreift den Harz.
5500 v. Chr.	Die Goldene Aue am Südrand des Harzes ist besiedelt. Eine Siedlung bei Heringen gilt als das älteste Dorf Thüringens.
1000 v. Chr.	Der Bergbau beginnt. Er wird zu zahlreichen Stadtgründungen führen.
300 v. Chr.	Keltische Stämme siedeln im Harz.
814	In einer Urkunde Ludwigs des Frommen wird der Harzgau explizit erwähnt, als Hartingowe.
9. Jh.	Waldgebiete werden gerodet, um Siedlungen zu erbauen. Zahlreiche Ortsnamen enden deshalb heute auf -rode.

Erste urkundliche Erwähnungen von Quedlinburg, Nordhausen und Goslar. Mehrere Klöster werden auf Betreiben von Königin Mathilde gegründet. **922, 927, 979**

Erste urkundliche Erwähnung von Wernigerode. **1121**

Adelheid von Walkenried stiftet das dritte Zisterzienserkloster in Deutschland: Walkenried. Die Mönche werden erheblichen Einfluss auf die Entwicklung des Harzgebietes haben. **1127**

Die Pest entvölkert ganze Gemeinden. Erst der Bergbau sorgt für erneutes Wachstum. **14. Jh.**

Martin Luther wird in Eisleben geboren und zieht kurz darauf nach Mansfeld. Sechs Jahre später kommt in Stolberg Thomas Müntzer zur Welt. Die beiden werden zu den bedeutendsten Reformatoren und Gegenspielern. **1483**

Als erste Stadt im Harz führt Nordhausen die evangelische Konfession ein. **1524**

Der Dreißigjährige Krieg zerstört große Teile des Harzes. Als Harzschützen rotten sich Hunderte Bewohner an verschiedenen Orten zusammen und wehren sich gegen die Willkür der Armeen. **1624–27**

Gruben und Hütten verbrauchen viel Holz. Große Teile der Waldfläche verschwinden. **Ab 1700**

............1777

Goethe reist erstmals in das Gebirge und besteigt den Brocken.

............Um 1800

Die dezimierten Waldbestände werden mit Fichtenmonokulturen aufgeforstet. Borkenkäfer und Orkane sorgen für einen Kahlschlag.

............1852

Der Quedlinburger Landrat stellt die Teufelsmauer bei Thale „als einen Gegenstand der Volkssage und eine als seltene Naturmerkwürdigkeit berühmte Felsgruppe“ unter Schutz.

............1887

Das erste Teilstück der heutigen Harzer Schmalspurbahnen geht in Betrieb.

............1890

Als ersten Alpenpflanzengarten auf deutschem Boden legt Albert Peter den Brockengarten an.

............1937

Ausweisung des Naturschutzgebietes Oberharz.

............8. April 1945

Das Oberkommando der Wehrmacht erklärt den Harz zur Festung und ruft zur Verteidigung gegen die vorrückenden Alliierten auf.

............Juli 1945

Die Sowjets besetzen entsprechend der Beschlüsse von Potsdam den östlichenund südlichen Teil des Gebirges, einschließlich dem Brocken.

3. Dezember 1989

Der Brocken ist wieder frei und ungeteilt.

1992

Die Unesco stellt die Altstadt von Goslar und den Rammelsberg unter ihren Schutz.

1994

Stiftskirche, Schloss und Altstadt von Quedlinburg werden Unesco-Welterbe.

Januar 2006

Der Nationalpark Harz entsteht aus der Fusion zweier Nationalparks in Niedersachsen und Sachsen-Anhalt.

2007

Das letzte Bergwerk im Harz, die Grube „Wolkenhügel" bei Bad Lauterberg, stellt die Förderung wegen Unwirtschaftlichkeit ein.

2019

Der Borkenkäfer wütet im Harz wie seit Jahrzehnten nicht.

2020

Drei extrem trockene Jahre verändern das Bild des Harzes in extremer Geschwindigkeit. Große Teile des Waldes sind vertrocknet. Doch nahe der Erde grünt es schon wieder. Experten gehen davon aus, dass der Wald sich selbst erholen wird.

Zitate

„Auf dem Harze habe ich, indem ich meiner Liebhaberey nachging, sehr angenehme Tage gehabt."

Johann Wolfgang v. Goethe,
1884 in einem Brief an Jakob Friedrich von Fritsch

„Der Harz ist ein Kleinod unter den Gebirgen der Erde, in ihm hat uns der Schöpfer das Buch der Natur in knapper modellklarer und meisterhaft vollendeter Form überreich an Inhalt aufgeschlagen."

Friedrich August Lossen, Geologe, 1889

„O Gott! Wie schön ist deine Welt!"

Joseph v. Eichendorff,
1805 in einem Tagebucheintrag nach seiner Harzreise

„Es war ein vollendetes Gemälde."

Hans-Christian Andersen,
1831 über die Aussicht vom Brocken

„Harz, du Muttergebürg"

Novalis, 1788 in „Der Harz"